中学校道徳サポートBOOKS

「初めて本気で取り組む先生のための絶対成功する！」

特別の教科 道徳の授業づくり チャレンジ

中学校

林 泰成 監修
渡邉真魚 編著

明治図書

◈ まえがき ◈

　「特別の教科　道徳」が，中学校でも平成31年度から始まる。
　小学校では，その1年前から始まるので，この「まえがき」を書いている時点で，すでに教科書検定も済んでおり，各社の教科書を見比べることができる。討論型で扱うことを前提にした教材や，役割演技などの体験的な方法に適した教材など，これまでの副読本にはあまり見られなかった種類の教材も含まれているが，一方で，伝統的なやり方を前提にした教材も含まれている。意外にも，「かぼちゃのつる」や「はしのうえのおおかみ」など定番と呼べるような教材も多く入っている。それぞれの出版社が，独自に工夫を凝らしたはずなのに，共通する教材があるということなのである。これまでも人気の高かった定番の教材について，編集に携われた多くの方々が「これは外せない」と考えた結果であろう。
　そうだとすれば，中学校版でも同様のことが起こる可能性は高い。ということは，教科化に不安な気持ちを抱えている方々，たとえば，これから教員を目指すという学生や，初任の先生方，また，正直なところこれまであまり道徳授業には力を入れてこなかったという先生方にとっては，まずは定番教材を使った授業に取り組むことが，教科化後の授業に対応するための準備にもなるはずである。その上で，さらに工夫をこらし，新たな授業づくりにチャレンジしていただきたい。
　もちろん，これまでも熱心に道徳授業に取り組んできた先生方には，定番教材を使う場合も，独自の授業展開を試みてほしい。そして，道徳初心者の先生方にアドバイスしていただきたい。道徳の授業づくりの実践研究が全国でこれまで以上に活性化することを願っている。
　ところで，教科化後には「教科書」を用いるので，他の教材が使えないということになるようにも思われる。しかし，文科省は，道徳の教科化に合わせて，ウェブ上に「道徳教育アーカイブ」（https://doutoku.mext.go.jp/）というサイトを作り，「授業で使える郷土教材」の紹介も行っている。教科書の教材以外のものも使ってよいということなのだと判断できよう。
　本書を作成するにあたっては，編著者の渡邉真魚先生をはじめ，道徳授業に力を入れている多くの先生方に執筆をお願いした。教材・資料については，著作権の関係で本書には収録していないが，よく知られているものや，学校現場で比較的手に入れやすいものを使用していただいた。
　道徳に限った話ではないが，私たち教師がやっていて楽しいと思わなければ，そこから子どもたちが学ぶことは難しいのではないかと思う。教師にとっても生徒にとっても，わくわくするような道徳授業づくりにチャレンジしよう。

林　泰成

中学校で「特別の教科　道徳」の授業づくりにチャレンジしよう

　中学校における道徳の時間は，平成31年度から「特別の教科　道徳」となるが，道徳教育が「特別の教科　道徳」と「学校の教育活動全体を通じて行う道徳教育」との二重構造で実施されることに変わりはない。そして，「特別の教科　道徳」は，後者の要であると位置づけられている。

　中学校学習指導要領の「第3章　特別の教科　道徳」の章を見ると，以前にはこの二重構造に合わせて，目標も二つの段落で二重に記されていたが，今回の改訂では，一段落にまとめられて，従来あった「道徳的実践力」という表現が削除され，「道徳性」だけになっている。これは，この二つの概念の定義が混乱を招くということで一方を削除したということのようである。「第1章　総則」に記された道徳教育の部分も合わせて読めば，今後の道徳教育の目標は，端的に述べれば「道徳性を養うこと」である。

　また，「道徳的価値」が「道徳的諸価値」と表記された。日本語は，単数形と複数形を明確に区別する言語ではないので，「諸」と入れなくても複数の価値を意味していると解することはできるわけだが，あえて「諸」と入れることになった。これは，これまで1時間の授業で一つの道徳的価値を教えることとされてきたものが（これは学習指導要領に書かれているわけではない），複数価値を教えることや，価値同士の対立について教えることも認められるということである。

　さらに，道徳性を構成するものとしての「道徳的心情，判断力，実践意欲と態度」も，改訂版では，順番が入れ替えられて「道徳的判断力，心情，実践意欲と態度」と表記されることになった。今回の道徳教育の改訂は，文科省のスローガンとしては，「考え，議論する道徳」への転換である。そのことと関連して，道徳的判断力が最初に記されたということであろう。

　上記のことは，小学校でも同様なのであるが，「考え，議論する道徳」ということを念頭に置いて考えると，中学校における道徳授業の変化の方がより大きいのではないかと思われる。というのも，考え，議論する力は，中学生の方がより発達していると考えられるからである。従来，たとえば，モラルジレンマ授業のようなスタイルの授業を公開すると，その後の協議会で批判されることも多かった。それは，この授業が，道徳的価値を教えて終わるという形にはなっていないからである。議論させっぱなしで終わっているように見えるからである。しかし，

議論し，自分で納得して道徳的行動原理に従うということが自律ということではないのか。自分が自律的に行動できるということが道徳性を身につけたということになるのではないのだろうか。新しい学習指導要領には，「生徒の発達の段階や特性等を考慮し，指導のねらいに即して，問題解決的な学習，道徳的行為に関する体験的な学習等を適切に取り入れるなど，指導方法を工夫すること」という文言も入った。今まで以上に，討論型の授業はやりやすくなると言える。討論型の授業は，モラルジレンマ授業だけではないので，他のやり方にもチャレンジしていただきたい。

　また，上記の引用には「道徳的行為に関する体験的な学習」という言葉もある。この体験的な学習とは，学校を離れて行うような，自然体験学習や職場体験学習を指しているのではない。授業の中で行われる体験的な学習であり，学習指導要領解説を見ると，役割演技などを指している。役割演技は，これまでも道徳授業の中で用いられてきた。登場人物の役割を演じてみて，その人物の立場でその気持ちを理解するというような用いられ方が多かったと言ってよいだろう。しかし，他にも，問題解決の手段を探るというような用い方をすれば，問題解決的な学習方法にもなる。また，モラルスキルトレーニングやソーシャルスキルトレーニングなどのようなスキルトレーニングのようなものも，体験的な学習として用いることができる。だが，注意点もある。先ほどの引用にも「指導のねらいに即して」とあった。指導のねらいとは，学習指導要領に記された道徳的価値を教えるということである。そのための方法として用いるということなのである。したがって，単なるスキルトレーニングだけで終わってはいけない。

　このように述べると，「問題解決的な学習や体験的な学習を導入しなければ，道徳授業ではないということになるのか」と心配されるかもしれないが，そうではない。たとえば，中央教育審議会「幼稚園，小学校，中学校，高等学校及び特別支援学校の学習指導要領等の改善及び必要な方策等について（答申）」（平成28年12月21日）を見ると，従来型の道徳授業も「読み物教材の登場人物への自我関与を中心とした学習」として位置づけられている。ただし，登場人物の心情を追いかけるだけではだめで，「教材の登場人物の判断と心情を自分との関わりにおいて多面的・多角的に考えることを通し，道徳的価値の理解を深めること」が求められている。これは，時として，「自我関与型」と呼ばれることがあるが，自我関与しない道徳授業は考えにくいので，このスタイルだけを「自我関与型」と呼ぶことに私は抵抗を感じる。

　ここでは主に，中学校学習指導要領を取り上げて，中学校の道徳教育がどのように変わるのかを説明してきた。しかし，学習指導要領には，１時間１時間の授業のやり方について事細かに記されているわけではない。学校現場の教師の工夫にゆだねられている部分が大きい。ぜひ本書に収録されている道徳授業にチャレンジし，さらに工夫を重ねていってほしい。

　　　　　　　　　　　　　　　　　　　　　　　　　　　　　　　　　林　　泰成

中学校道徳サポートBOOKS
特別の教科　道徳の授業づくりチャレンジ　中学校

まえがき ……………………………………………………………………… 3

中学校で「特別の教科　道徳」の授業づくりにチャレンジしよう …… 4

● 第1章 概論
はじめての道徳授業づくり …………………………… 9

● 第2章 実践
道徳授業づくり ……………………………………… 15

主として自分自身に関すること

❶ 自主，自律，自由と責任
　町内会デビュー ………………………………………………… 16

❷ 節度，節制
　私の反抗期 ……………………………………………………… 20

❸ 向上心，個性の伸長
　何でもほしいものが手に入るとしたら ……………………… 24

❹ 希望と勇気，克己と強い意志
　九番バッター …………………………………………………… 28

❺ 真理の探究，創造
　風に立つライオン ……………………………………………… 32

目次

▸ 主として人との関わりに関すること

6 思いやり，感謝
とべないホタル ……………………………………………… 36

7 思いやり，感謝
ありがとうの気持ちをこめて ……………………………… 40

8 礼儀
半分おとな　半分こども …………………………………… 44

9 友情，信頼
アキラの選択 ………………………………………………… 48

10 友情，信頼
アイツの進路選択 …………………………………………… 52

11 相互理解，寛容
言葉の向こうに ……………………………………………… 56

▸ 主として集団や社会との関わりに関すること

12 遵法精神，公徳心
二通の手紙 …………………………………………………… 60

13 公正，公平，社会正義
卒業文集最後の二行 ………………………………………… 64

14 社会参画，公共の精神
鳩が飛び立つ日 ……………………………………………… 68

15 勤労
働くということ「幸せな『平凡な生活』」………………… 72

16 家族愛，家庭生活の充実
ごめんね，おばあちゃん …………………………………… 76

⑰ よりよい学校生活，集団生活の充実
昼休みのバスケットボール …… 80

⑱ よりよい学校生活，集団生活の充実
伝統を受け継ぐ …… 84

⑲ 郷土の伝統と文化の尊重，郷土を愛する態度
娘のふるさと …… 88

⑳ 我が国の伝統と文化の尊重，国を愛する態度
命に響く「雅楽」東儀秀樹 …… 92

㉑ 国際理解，国際貢献
オリンピックに向けて何ができますか？ …… 96

主として生命や自然，崇高なものとの関わりに関すること

㉒ 生命の尊さ
いのちをいただく …… 100

㉓ 自然愛護
土の色の不思議に魅せられて …… 104

㉔ 感動，畏敬の念
火の島 …… 108

㉕ よりよく生きる喜び
いつわりのバイオリン …… 112

参考資料 …… 116

おわりに …… 140

第1章
[概論]はじめての道徳授業づくり
－エピソードで語る「特別の教科　道徳」の授業づくりの魅力とは－

1 はじめに

　いよいよ、「特別の教科　道徳」が始まります。「道徳の時代がやってきた」と生き生きしている先生もいれば、「やっときたか」と感慨深くとらえる先生、「どうすればいいの」と戸惑う先生方もおり、その温度差は様々です。私の周辺でも「道徳なんて教えられるのか」「評価はどうするのか」「ますます忙しくなるのか」等の声が聞かれます。

　私自身、困ったときは、まず基礎・基本に返ることにしています。学習指導要領やその解説にどのように記されているかを確認し、そこから新たなチャレンジを構想するのです。たとえば、評価について、多くの先生方が困惑していると思いますが、『中学校学習指導要領解説　特別の教科　道徳編』（平成29年7月）を見れば、次のように記されています。

> 　その際、個々の内容項目ごとではなく、大くくりなまとまりを踏まえた評価とすることや、他の生徒との比較による評価ではなく、生徒がいかに成長したかを積極的に受け止め認め、励ます個人内評価として記述式で行うことが求められる。(p.110)

　こうした点を確認すると、道徳科の評価は教師としての使命を定義しているように思えてなりません。だから、迷ったときはいつも自分自身にこう言い聞かせて教室に向かいます。

　「道徳授業を通して、生徒一人ひとりを励まし、勇気づけていく。それが自分に与えられた使命なのだ」と。

2 指導案には、授業者の願いを込めます

(1) 子どもたちにはぐくみたいこと

　私は、授業は楽しいけれど、指導案を書くのが苦手でした。学習過程はさらさら書けるのに、その前段の「教材観」、「生徒観」、「指導観」の文章表現がなかなか書けずに苦労しました。そんなとき、先輩のひと言、「その授業は、何のためにするの。その時間で、子どもたちの何を育てたいの」という言葉が、私を変えました。

　当時、私の学級には、非常に正義感の強い女の子がいました。強すぎるがゆえに、周囲との

トラブルになることもある女の子でした。私は、それを彼女の頑固さではなく、彼女のよさととらえ、周囲が変われば、彼女も受け入れられると考えました。学級を正義感あふれる集団にしたい。その想いを「教材観」、「生徒観」、「指導観」に書こう。そう考えると、指導案のプロットが一貫してきました。もちろん、1時間の授業では、集団は劇的には変わりません。以来、私は、子どもたち一人ひとりに対するラブレターのつもりで、「子どもたちの何をはぐくみたいのか。どんな力を身につけさせたいのか」という願いを込めて、指導案を書いては授業を行うことを繰り返していきました。

(2) 生徒の実態

一人ひとりの生徒を育てていくことは、学級の集団の質が向上することにつながります。また逆に、学級の集団が一人ひとりの価値観を育てることにつながる場合もあります。前述の正義感の強い女の子を育てるために、道徳授業はもとより、学校教育全体を通じて、学級に正義とは何かという問いを与え、考え、行動させ、集団で共通の価値観を醸成しようという想いに至ったとき、初めて1時間の授業の在り方が変わったように思います。

こうして授業を積み重ね、一人ひとりのよさを引き出し、伸ばしていくための授業を積み重ねていくうちに、彼女のよさが学級でも受け入れられ、トラブルも次第に減っていきました。生徒の発達段階や実態を把握することは、道徳の授業の一番の戦略と言えるかも知れません。

(3) ねらい

どんな時間にもねらいがあります。ねらいが設定されていなければ、ねらいが達成されたかどうかの評価はできません。本時のねらいの標記に関しては、「判断を培う」、「心情を育む」「態度を養う」等、「子どもたちのどの部分をどう育てたいのか」を押さえて、ねらいを定め、さらにそのためにどんな学習活動を用いるのかを明記しています。

こうすることで、活動ありきのアクティブ・ラーニングではなく、「主体的・対話的で深い学び」を実現することを目指しています。道徳科においても、指導と評価の一体化を図ることを忘れてはなりません。

(4) 教材の概要と分析

ところで、よい授業は、必ず生徒の腑に落ちます。教材（資料の道徳的な場面）を通して考えを深める。このことの意義を、授業者と学習者である生徒と全員で共有する。つまり、この授業で伝えたかったことが、子どもたちに伝わったという瞬間です。その瞬間を大切に、余韻をもって終わるのであれば、教師が長々と語ることは不要な場合もあります。

そのためには、授業で使用する教材の展開を端的につかみ、構造的にとらえることが必要です。私が教材の構成を分析するとき、いつも心がけていることは、中学生の読み物教材であれ

ば，場面を四つに分けて構成をつかむということです。「起承転結」のどの場面を取り上げて何を考えさせるかという準備がしっかりしてさえいれば，生徒の実態に応じて，教材の最初の部分を取り上げて発問したり，最後の部分を取り上げて考えさせたりという授業者の想いは，自在になります。教材研究の段階で，教材の構成をつかむことは，生徒が授業中どんな発言をしてきても，なぜそう考えるかが見えてくる，大切な心構えをつくる時間なのです。

(5) 板書

　本書は，すべての実践の板書を掲載しています。板書は構造的に書く。これは，私が初任者の時代に指導主事の先生に習ったことです。以来，黒板で横書きにしたり縦書きにしたりといろいろ試みましたが，私が心がけていることは一つです。

　どんな意見も取り上げながら道徳的思考の流れが見えるようにすることです。全体で議論したことを取り上げて板書しますが，当を得ている発言とその側面を支える発言は，板書の段階で区別しなければなりません。大きく書いたり小さく書いたりしながら，議論の筋が見える板書を心がけます。学習訓練が身についている集団は，自分の意見が小さく書かれたからといってひるみません。大きく板書されたい一心で，話し合いに積極的に参加してきます。板書を通して集団の質が高められていくのかも知れません。指導案を作成する際，板書案を添えるとより授業のねらいが明確に見えてきます。

(6) 学習過程「導入・展開・終末」

　道徳科にもねらいがある以上，その学習過程は，課題を追求して終末に向かうだけの価値あるテーマでなければなりません。そのため，これまでの道徳の時間は，導入では本時で取り上げる価値への方向づけを行い，展開では教材の分析を行い，終末では日常生活を振り返る等の授業スタイルが多く実践されてきました。

　心がけたいのは，導入から展開，展開から終末へと，学習活動が課題を追求していく道徳的思考の流れになっていることだと考えます。アクティブ・ラーニングを通して「主体的・対話的で深い学び」を実現していくためには，教室で集団が本気で教材の中の課題を解決したり，社会の中の問題を解決したりする話し合いを行う等の学習者が学びに立ち向かう仕掛けがある学習過程を作成すべきだと考えています。

(7) 評価のポイントPART I 「学習活動を評価する」

　私の経験では，授業後の生徒の感想は，二つに大別されます。本時のねらい（価値）に関する記述と本時の学習（活動）に関する記述です。以前は，感想の中にねらい（価値）にふれた記述が見られることが授業の成功だと考えていましたが，アクティブ・ラーニングを通して行う「主体的・対話的で深い学び」では，学習活動を通して学ぶ道徳的価値もあると考えていま

す。確かに、道徳授業の学習活動は、一番身近な道徳的実践の場でもあります。今までの生活を振り返るだけでなく、学習活動の振り返りも大切にすることは、生徒の自己を分析する力・すなわち自己評価にもつながります。

　道徳授業の評価は、いずれ道徳性が発揮される授業後や卒業後に結果を委ねるのではなく、学習活動を通して身につけたことを確認するために行う評価であり、現時点での生徒のよさが発揮されたことへの評価でなければなりません。自己評価だけでなく、授業中の発話（観察）や授業後の感想（ワークシート）で評価することを指導案に明記することが大切です。

❸ 授業では、子どものよさを引き出します

（１）教室には「お土産」を！

　年間計画に基づいて、授業で使う教材を一読した後に私が最初に行う教材研究は、教室に持参できるお土産があるかどうかということです。教材を通して、教科書を通して、本時の価値を学ばせるために必要なお土産を考える時間は、最も楽しいひとときです。「授業でこれを使いたい」と思えるものは、すべてお土産です。補助教材、新聞記事、絵本、CD、映像教材等、今日の授業で教室に持ち込みたいものを、私は、子どもたちへのお土産と呼んでいました。

　忘れられない授業があります。保護者からの手紙を終末で渡したとき、一人の男の子が語り出しました。「先生。僕の名前の一字は父からもらったんだって」。彼の父親は彼が幼い頃、他界していました。私は授業の趣旨を保護者の方にお伝えして、お子さまへの手紙を預かりましたが中身までは知りませんでした。いのちの授業でしたが、命が受け継がれていたことを実感した彼の瞳は、今でも忘れられません。

　教室へのお土産は、これ以外にもたくさんあります。もし、研究授業等で先輩方の授業を拝見する機会には、本時のお土産は何かを考えながら参観するのもよいかも知れません。もちろん、授業者の笑顔が一番のお土産であることは言うまでもありません。

（２）「考え、議論する道徳」にするためには

　道徳が教科になるにあたり、「考え、議論する道徳」への質的変換が求められています。次期学習指導要領でも、主体的・対話的で深い学びの実現（「アクティブ・ラーニング」の視点からの授業改善）が提示されました。

　中学生は、「頭でわかっているつもりでも行動できない」発達段階に差し掛かります。そうした生徒に、道徳的な思考を促し、新たな価値に気づかせ、そして彼らの行為を状況に応じた創造的な行為につなぐためには、学習活動にねらいをもたせて話し合わせることが大切です。中学生の発達段階を考慮しつつ、この話し合いを活性化させるためには、多面的・多角的にとらえさせる仕掛けとして、道徳的な思考を促すためのツールや条件を整備することが必要だと

思うのです。

（3）「教材研究」の段階から「意図的・計画的・戦略的」に実践する

　どの教科の時間もそうですが，教材研究の段階にひと手間かけることで，授業が格段に充実してきます。道徳科でも，人間としてのよりよい生き方を気づかせる，考えさせるためには，教材研究が欠かせません。私は，初任者の頃から公開授業の参観では，必ず，授業者と生徒の発言を台本のように記録してきました。今，考えるとこれが授業を行うときに大変役に立ちました。授業者は，子どもたちの議論の交通整理をしなければならないからです。用意した発問に，「生徒は何て答えるのだろう」と考えることは，教材研究の醍醐味です。

　その上で，1時間の授業に期待する生徒の姿を思い浮かべながら授業の構想を積み重ねていくこと，学校教育全体を通じて生徒の道徳性を育むために，授業を「意図的・計画的・戦略的」に実践することが大切です。

（4）評価のポイントPART Ⅱ「エピソードで評価する」

　道徳科の評価は，数値によるものではなく，記述で行うとされています。では，何を記述するのでしょうか。それはエピソードです。エピソード評価は，生徒一人ひとりの生きる姿の中にある事実を，生徒がいかに成長したのかを，エピソードとして累積し，教師が個々の内容項目ではなく，おおくくりなまとまりに紡いでフィードバックする評価です。こうした評価によって，生徒一人ひとりの生活の事実から，その子のよさが意味づけられ，物語られることになります。道徳科の授業が，人格の完成に向かって行われるものだとすれば，評価もまたその目的を達成することに資するものでなければならないと考えます。

4 おわりに

　社会が急速に変化を遂げて，価値観の多様化，規範意識の低下，人間関係の希薄化等の事態が生じ，道徳教育の必要性が叫ばれています。また，日本各地で激甚災害として認定される自然災害が起こっていますが，その復興の軌跡には，必ずと言ってよいほど，道徳教育が重要との認識がありました。こうした中で求められる道徳教育は，たとえて言えば，バスに乗せて全員に道先案内する旅行ではなく，一人で自転車に乗れるようにして旅立たせることに似ています。換言すれば，知識・技能の伝達だけではなく，資質・能力の開発へと向かうこうした教育改革の動向の中で，今だからこそ，道徳教育を核として生き抜く力が身につけられるような授業を構築していく必要があるということです。そうした道徳教育を，そして，その要となる道徳授業づくりを行うことは，教師にとって大きなやりがいのある，そして意義ある仕事になると言えるのではないでしょうか。

（渡邉真魚）

第2章
実践・道徳授業づくり

主として自分自身に関すること ……………………………………… 16

主として人との関わりに関すること …………………………………… 36

主として集団や社会との関わりに関すること ………………………… 60

主として生命や自然，崇高なものとの関わりに関すること ……… 100

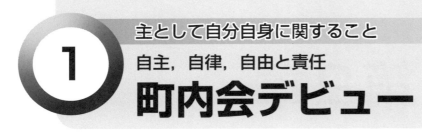

主として自分自身に関すること
自主，自律，自由と責任
町内会デビュー

ねらい

　これまでの自分自身のことについて振り返らせるとともに，主人公「明」の行動や気持ちの変化に触れながら，自分自身と重ね合わせて考えることで，自ら考えることの大切さや自ら行動していくことを大切にしていこうとする心情を育てる。

教材の概要

　クマが目撃された町内で，緊急に清掃作業が行われることになった。一世帯から必ず一人は作業に出なければならないが，緊急であったため，両親は仕事の都合がつけられず，中学生の明が一家の代表として作業に出ることになった。大勢の大人たちに混じって作業することに抵抗をもち，重たい気持ちでしぶしぶ作業に参加した明だが，作業で町内会の人たちと触れ合う中で気持ちが少しずつ変わり始め，その後の生活にも態度として現れる。

準備するもの

・板書用プレート　・ワークシート（本書 pp.116-117）

生徒にはぐくみたいこと

　生徒は「自分で考える」とか「自分で決める」ということを，自分に都合よく勝手に何でも決められることと勘違いする場合がある。たとえば，「ゲームやスマホを使える時間を自分で設定する」とか，「就寝時間を自分が都合のよいように設定する」などである。しかし，ここで考えさせたいのは，望ましい行動や態度についてきちんと理解した上で，自主的に何か行動を起こしたり，自分を律することができたりすることである。また，それらの行動には，自分自身に対する責任や周囲に対する誠実さも兼ね備えていなければならない。

　本教材では，主人公の明が，母に頼まれてしぶしぶ参加した町内会の作業を通して，「ひとからやらされる」から「自ら行動を起こす」へ変化した点や，さらにその変化がその後の明の気持ちや行動に，どのように表れたかについて読み取りながら「自分で考えることや決めること」の真の意義について理解し，それらを行動や実践に結びつけられる心情をはぐくみたい。

板書例

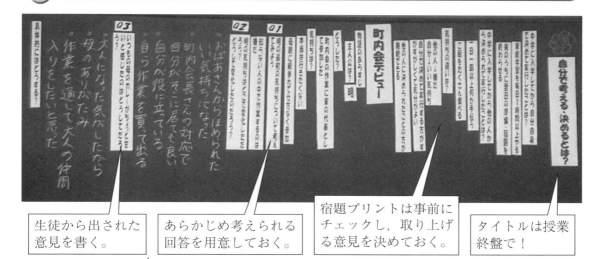

生徒から出された意見を書く。

あらかじめ考えられる回答を用意しておく。

宿題プリントは事前にチェックし，取り上げる意見を決めておく。

タイトルは授業終盤で！

板書のポイント

- 事前に用意できるものは，プレートにして用意しておき，板書の時間短縮を図る。
- 宿題ワークシートは，授業の前日までに集めてチェックしておき，取り上げる意見を決め，プレートを作っておく。
- 教材の主人公やあらすじについて板書で示すことによって，いつでも生徒が確認できるよう配慮する。
- 中心発問に関する生徒の考えについて，なるべく多く板書ができるようにスペースの配分を考慮する。
- 本時のテーマである内容項目については，最初ではなく，授業の終盤で示す。

授業のポイント

- 教材が長いので，事前に考えられることは宿題ワークシートで用意（p.116ワークシート参照）し，宿題ワークシートを共有する時間を設け，意識の高揚を図る。
- 教材は教師が範読で進めることで，導入の時間を短くする。
- 授業で使用するワークシートは，発問を自分で記入させ，主体的に考えることができるようにする。
- 本時のテーマについても授業の終盤で示し，生徒自身の本音を導き出すようにする。
- 中心発問については，それについて考える時間を多く取るようにする。
- ワークシート記入の際に，取り上げる意見を意図的に拾いあげるため机間支援をする。

学習指導案

	学習活動と主な発問	○指導上の留意点　◆評価
導入5分	1　宿題ワークシートの確認をする ○これまでの自分自身を振り返る。	○あらかじめピックアップする生徒を決めておき指名し，教材への導入を図る。
展開35分	2　教材の確認をする ○あらすじを確認する。 ・主人公は？ ・どうした？ ・主人公の気持ちは？ ○気になったところを確認する。 ・明は作業に行きたくなかった。 ・褒められて元気が出た。 ・あちこちの草や枝を集めて回った。	○教師が教材を範読する。 ○気になるところに鉛筆でラインを入れながら聞かせる。 ○短時間であらすじの確認ができるように支援する。 ○以後の発問に関連するところが確認できるように支援する。 ◆気になるところにラインを入れることができたか。（観察）
	明の最初の気持ちについて考えてみましょう。	
	・母に言われてしぶしぶ作業に出た。 ・嫌だった。	○どうして嫌だったのかについても触れて考えさせる。
	明の気持ちはどこで変化したのでしょう？　また，どうして変化したのでしょう？	
	・作業の様子を見て褒められたところから。 ・褒められて気分がよくなったから。	○お年寄りにはきつい作業を自ら進んでやったということに目を向けて考えさせる。
	いつもの母のカレーがちょっと甘いと感じたのはどうしてでしょう？	
	・町内会の作業に出て，少し大人になれたような気がしたから。 ・町内会の一員としてもやっていける自信がついたから。	○自ら考えて行動したことが，明の気持ちの変化の背景にあることに気づかせる。 ◆自分自身と重ね合わせて考えることができたか。（ワークシート・観察）
終末10分	3　学習のまとめと振り返り ○今日の授業のタイトルを考える。 ○これからの生活で自ら考え，実行していけることを具体的に考える。	○何について考えた授業なのかを押さえて，授業のタイトルが出てくるようにする。 ○具体的な行動が示されるように支援する。 ○模範的な行動を示している生徒に発表させる。

授業での生徒の様子

(1) 宿題の確認をする
　道徳の時間が始まる前にあらかじめ課題として事前にワークシートを配布した。目新しさからか，意欲的に事前ワークシートに取り組んでいた。そのため，授業の導入では，スムーズに全体で意見の共有を図ることができ，生き生きと取り組む姿も見られた。

(2) 明の最初の気持ちに共感させる
　明が町内会の作業に行きたくない気持ちに共感し，自分も同じ立場だったら嫌だという気持ちに立った上で，その後の明の気持ちの変化を考えさせることにつなげることができた。

(3) 明の気持ちの変化と最終発問で本時のテーマの確認をする
　気持ちの変化がどこで起こったのかについて，読み取った場所に少々違いはあったものの，最終発問へつなぐには十分な意見が出された。最終発問でも，意見が多数出される中，本時のテーマの問いには「自分で決めたり考えたりすること」としっかり答える姿も見られた。

(4) 生徒の振り返り（感想）を大切にする
・自分が「こうしたい」という気持ちだけで行動するのではなく，その時，その場に，どのような行動が必要なのか，何を求められているのかを考えるようにしたい。
・自分が楽しいことや，自分の得を優先していろいろなことを決めてしまっていたが，これからは相手や周りのことを考えていきたい。
・物事の善悪をきちんと考えた上で，行動するようにしていきたい。

評価のポイント

　本時のテーマは，「自主，自律，自由と責任」である。自主，自立は，何でも好き勝手に自ら決めたり実行したりすることではなく，自分で決めたことに責任をもつことや，それに対して誠実であることも含まなければならない。併せて，時と場に応じた望ましい判断も必要とされてくる。しかし，個々の発達段階に応じ，その判断力や態度は異なるので，日々の関わりやこれまでの道徳の授業の様子などから，個々の発達段階を見極め，個々がどのように成長しているかを評価していくことが大切である。ここでは，今後の生活で自身が「どのようなこと」を「どのように決めて」，「どのように実行・行動」していくのかについて具体的に記述できること，そして，それに対する自身の責任や周囲への誠実についての考えも明らかにできるかで評価としたい。

（安中美香）

2 主として自分自身に関すること
節度，節制
私の反抗期

ねらい

　主体的・対話的で深い学びを促すために，「気持ち柱」（スケール）を使って自分の気持ちを「高さ」や「色」で表出することを通して，様々な友達と意見の交流をさせ，課題についてともに考え，議論させる。反抗期である「私」と母とのやりとりを通して，自らの生活を振り返り，節度を守る生活習慣を進んで身につけようとする態度を養う。

教材の概要

　主人公の「私」は，「テスト勉強」のことを「だし」にして，自分の部屋を母に掃除してもらうことを思いつく。その後，明日の時間割を揃えようとしたときに，大事な数学のプリントが見当たらないことに気がつく。慌てて探しても見つからないので，母が掃除していたことを思い出し，プリントの紛失を母親のせいにして腹を立てる。人のせいにする前に，自分で探すように母親に言われてふてくされるものの，後から自分の勘違いであったことに気がつく。

　その後，母親が持ってきてくれたメロンを食べながら，自分のことを恥ずかしく思い，冷静に反省する「私」。反抗期は一度は通り抜けなければならないトンネルだから，素晴らしい未来が待つ出口まで安全運転で行きたいという思いを抱く。

準備するもの

・気持ち柱（ピンク，黄色，ブルー）……用意できなければチョークで描いても可
・付箋三色（ピンク，黄色，ブルー）　　・ネームカード（マグネット付きのもの）
・赤と青の丸マグネット（クラスの人数分）・ワークシート（本書 pp.118-119）

生徒にはぐくみたいこと

　思春期を迎える生徒は，心身ともに大きく発達する。しかし，「反抗期」と言われる発達段階のため，自分でもうまく説明できないようなイライラした感情に襲われたり，今まで頼り切ってきた親を疎ましく思ったりして，自分の気持ちを整理できずにいることも多い。そこで，自分の生活や周囲との関わりを見つめ直し，心身の調和のとれた生活を送ることの大切さに気づかせ，節度を守り，望ましい生活習慣を確立していこうとする態度をはぐくんでいきたい。また，本教材は，反抗期を迎えた主人公と生徒自身の生活とを重ねて考えるのに適した教材である。自分のよりよい言動，生き方を模索し，自分なりの答えが出せる力をはぐくみたい。

板書例

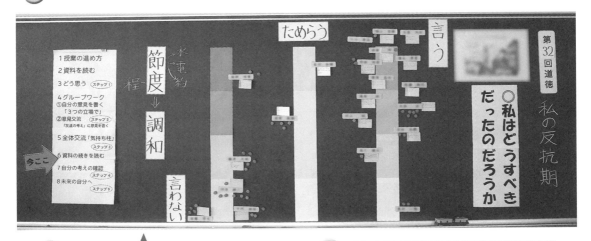

板書のポイント

- 「スモールステップ」を左端に貼り，授業の流れをいつでも確認できるようにする。
- 「スモールステップ」の記号とワークシートの記号を一致させ，どこに何を書けばよいのか，明確にする。
- 「第〇回道徳」+「教材名」を板書する。
- 教材の内容をイメージできるイラストを用意し，表情なども考える手がかりにする。
- 中心発問をはっきりと提示し，学習活動の中心や評価のポイントを明確にする。
- 「気持ち柱」を黒板の中心において，生徒全員の考えがどのようなものなのか，一目瞭然となるようにする。
- 共感できる意見や，もっと聴いてみたい意見はどこかなど，全員の気持ちが可視化できるように，マグネットをおく。

授業のポイント

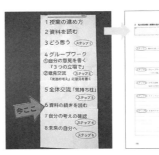 

- 左端のスモールステップの(ステップ1)が，ワークシートの(ステップ1)と対応するようにして，特別な支援を要する生徒にとっても学習活動がわかりやすいものになるよう配慮する。
- 「今ここ」という矢印を使って，今は何をする時間なのかがわかるようにする。
- 絶対に言う，仕方なく言う，いずれ言うがためらう，ためらうが言わない，絶対に言わないなど色と高低差で自分の気持ちを表出させ，再び可視化する。

第2章 実践・道徳授業づくり

学習指導案

段階	学習活動と主な発問	○指導上の留意点　◆評価
導入5分	1　教材の紹介をする 2　授業の見通しをもつ	○教材名を板書して，内容を想起させる。 ○ねらいを達成させるためにスモールステップを提示し，学習の見通しをもたせる。
展開40分	3　教材を読む 4　「自分を恥ずかしく思う私」とは，何が恥ずかしかったのか考える 5　宿題が見つかったとき，自分ならどうするか三つの視点から考える （1）「言う・言わない・ためらう」の三つの立場で自分の考えを書く。 （2）グループで意見交換する。 （3）自分の考えとグループ内の意見を比較して見直す。 （4）気持ち柱に付箋とネームカードを貼る。 （5）二色の丸（赤・青）マグネットを置く。 （6）自分の考えを発表し合い，クラス全体で意見交流する。 6　迷惑をかけてきてしまった私は，どうすべきだったのか考える 　　私はどうすべきだったのだろうか？	○教師が範読し，状況をイメージさせる。 ○「私」の問題点や恥ずかしく思う理由を分類・整理することを意識して板書する。 ○三つの立場から自分の姿に重ねて考えをもたせ，教材を多面的・多角的にとらえさせる。 ○言う（ピンク），言わない（ブルー），ためらう（黄色）の付箋を用いる。 ○4人以内のグループで交流させる。 ○共感できる意見には赤，質問したい意見には青でアンダーラインを引かせて，とらえさせる。 ○「気持ち柱」の色や高さを手掛かりにして，自分の考えを表出させる。 ○共感できる意見には赤，質問したい意見には青の丸マグネットを置く。 ○自分とは異なる考えにふれることで自分の考えを深め，終末の活動につなぐ。 ○丸マグネットがたくさんある生徒の意見を発表させ，全体交流のきっかけにする。 ◆調和のある生活や節度，節制について想いをめぐらせながら，「私」にアドバイスすることができたか。
終末5分	7　これからよりよい生活を送るために，どうしたらよいのか考える 8　教師の話を聞き，本時のねらいを理解する	◆自分の生活を改善する視点や方法について具体的に考えてよりよい生き方を模索し，未来志向で「自分なりの答え」をワークシートに記入することができたか。 ○「節度」「調和」について説話をする。

授業での生徒の様子

（1）それぞれの立場に立って考える

（2）グループワークで意見を交流する

（3）自分に一番近い気持ちを選択する

（4）自分のネームと付箋を理由を添えて貼る

（5）マグネットが多い生徒から意見を聞いていく

（6）よりよい生き方を個人で考える

（1）付箋紙を立場ごとに三色用意し，その立場を選択した理由を記入する。「ピンク」…正直に伝えて，母を疑ったことを謝る。「黄色」…ぐちぐち言われそう。「ブルー」…また叱られる。

（2）ワークシートをまわし読みする。友達の意見を読んで，コメントを書き添えていく。コメントを書くことが難しい生徒には，自分が付箋に書いた意見を書いてもよいことを伝える。

（3）今の自分の気持ちに近い立場を選ぶ。共感できる意見には赤線，もっと質問して聞いてみたい意見には青線を引かせ，「気持ち柱」にマグネットを置くきっかけとする。

（4）色や高さ，位置で自分の気持ちを表出させる。一度着席してから，二色のマグネットも置く。

（5）マグネットがたくさん置いてある生徒から意見を聞いていく。時間の許す限り，なるべくたくさんの意見をとりあげ，自分とは異なる意見にふれさせると，後半の学習活動が深まる。

（6）テレビを視聴中，お風呂に入れと言われる場面を想起する。自分自身を振り返り，未来の自分は言われる前に行動したい等，まわりに迷惑をかけていないか自分を見つめ直す。

評価のポイント

（1）主人公である「私」の姿を，自分の日常生活と照らし合わせて考えることができたか。
　展開6「調和のある生活や節度，節制について想いをめぐらせながら，『私』にアドバイスすることができたか」ということを視点として評価としたい。

（2）よりよい生活習慣を身につけることが，心身の成長にとって大切であると理解できたか。
　終末7「自分の生活を改善する視点や方法について具体的に考えてよりよい生き方を模索し，未来志向で『自分なりの答え』をワークシートに記入することができたか」ということを評価のポイントとしたい。

(栗原洋美)

主として自分自身に関すること
向上心，個性の伸長
何でもほしいものが手に入るとしたら

ねらい

　理想の自分の姿を視野に入れながら，今の自己を見つめ，与えられた現状で努力することで自己の向上を図る態度を養うとともに，個性豊かな生き方を前向きに追求することができる。

教材の概要

　もし，お金を払えば，自分のほしいものが手に入るとしたら……。架空のオークションを設定し，自分のほしいものをお金を出して買う。ただし，オークションなので一番高額でなければならない。今の自分，未来の自分にとって，本当に必要なものは何なのか。本当に高額を払う価値があるのか。自分自身にしっかり向き合い，入札項目を決定していく活動を通して，これからの自分のあり方について考えていく活動である。終末では，『私たちの道徳』（pp.39-40）を活用し，今の自分を受け止め，今後，努力していくべきことを考えていく。

準備するもの

・ワークシート（本書p.120）　・入札用紙（氏名と金額が記入できるもの・生徒1人6枚程度）
・入札用封筒（入札項目を封筒の表に記載したもの）

生徒にはぐくみたいこと

　2年生も中盤になると，人間関係が固定化し，自分の個性はもちろん，他人にも固定概念をもって接することもある。しかし，そのような人間関係の環境では，個性の伸長は望めない。また，自分の進路や将来についても真剣に考え始めるころである。しかし，理想の自分像を描きながら，その姿に近づきたいと願い努力する一方で，他人と自分とを比較することで，理想と現実とのギャップに思い悩むことも少なくない。さらに他人の目を気にして人と異なることへの不安から，個性を伸ばすことに消極的になる生徒もいる。

　本実践を通して，自己を客観的に見つめ「今の自分」を受け止めつつ，今後の自分にとって必要なものは何かをとらえさせたい。また，人の価値観・大切にしていることはそれぞれ違い，それぞれの価値観を認めつつ成長することが，個性を伸ばしていくことにつながっていくことに気づかせたい。自分のよさだけでなく他の考えも尊重し，自分の生き方を前向きに自己決定していく態度をはぐくみたいと考える。

板書例

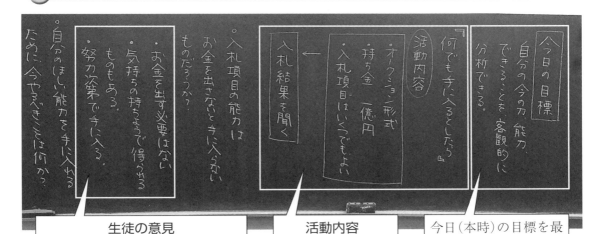

生徒の意見
必要な能力は努力して手に入れるという生徒もいた。

活動内容
主題・活動の流れ。

今日（本時）の目標を最初に書いてから主題。

板書のポイント

　本時の目標を最初に書いてから，主題名を書く。オークション方法について，簡単に記述する。学習活動の流れが，生徒にも視覚的にわかるように最初に板書したほうがよい。また，活動方法については，予め模造紙にまとめて掲示するほうが，その後の活動に余裕ができる。

　今，目の前にある活動にしっかり取り組んでいくことが大切だということを伝えたかったからこそ，とらえさせたい内容（他人とは価値観が違うこと。入札項目は努力すれば手に入ること。そのために今やらなければならないことは何か）を，生徒と確認し合いながら，板書内容を決めていくことが必要である。

教材のポイント

　本実践では，入札項目をどのように設定するかがポイントとなる。入札項目は，生徒一人ひとりの価値観の違いが明確になるようなものを設定するとよい。また，実践者の思いや生徒の実態に応じて，入札内容項目や金額，入札方法（いくつまで入札可能か），項目数を変えて使うことが効果的である。努力すれば手に入るが，今の生徒に欠けている能力，身につけてほしい力を中心に決定した。

第2章　実践・道徳授業づくり　25

学習指導案

	学習活動と主な発問	○指導上の留意点◆評価
導入10分	1　今の自分について客観的に分析する ○今，あなたがほしいもの・身につけたい能力は何かを考える。 ・お金，勇気，リーダーシップ　など ○ワークシートに記入する。	○自分自身に今たりないことやほしい能力などを客観的に考えるように助言する。
展開30分	2　自己分析から，「今必要なものや能力」を考える ○「今必要なものや能力」が買えるオークションがあるとし，自分なら何をいくらで買うか，購入希望の項目と金額についての理由を考える。 ○入札後，結果を発表する。 3　入札項目を改めて精査する ○入札結果を聞いて，入札項目は本当にお金を出して得られるか，考える。 ・お金を出す必要はない。 ・努力次第で手に入るものもある。 ・気持ち次第で，得られるものもある。	○入札結果を発表することを活動前に伝える。 ○オークションのルールとして，個人の持ち金は１億円とする（生涯賃金の約半分に設定した）。 ○金額次第で，入札項目はいくつでもよいが，合計金額が１億円以内になるように設定する。 ○入札が集中している項目について，氏名と金額を発表させる。 ◆自分と他人とでは，大切にするポイント・価値観が違うことに気づくことができたか。
まとめ10分	4　今日の授業で考えたことをまとめる ○『私たちの道徳』(pp.39-40)「自分を見つめ，個性を伸ばす」を読み，自分にたりないものを身につけていくためには，今後どのようなことをしていけばよいか，自分なりに考える。	○今の自分をきちんと見つめ，認めつつ，成長するためには，目の前のことを一つひとつ真剣に取り組んでいくことが大切であるということを伝えたい。 ◆自分の言葉で考えることができたか。

授業での生徒の様子

　最初は，いろいろな項目に目移りして，なかなか入札項目を決められない様子であった。しかし，「自分を客観的に分析し」という目標を加味しながら，今の自分にたりない能力や，自分の立場に応じて必要だと考える能力を選択しているようだった。たとえば，人前で話すのが苦手な生徒は「上手に発言・発表できる力」，学級委員等のリーダーとしてがんばっている生徒は「リーダーシップ」，勉強が苦手だけどがんばりたい生徒は「勉強を好きな気持ち」を選択し，高額で入札していた。また，入札をギリギリまで，悩んでいた生徒も多かった。さらに，自分の将来について不安をもっている生徒もおり，「世界平和」や「安定した未来」を選択した生徒もいた。努力せずに安定した未来を手に入れたいというよりは，現状で自分の望む結果が得られておらず，将来が不安だという意識が強いと考えられる。

　本時で入札希望の多かった項目は，健康，不老不死，世界平和，自分の望む体型，語学力，兄・姉・妹・弟（のどれか）等である。

　入札結果発表の際は，他の生徒が選んだものに感心したり，納得したりするうなずきや肯定的発言が多かった。

　最後に，お金を出さなくても手に入れられる能力を選択した生徒も多く，努力すれば手に入れられるものや自分の気持ち次第で身につく能力もあるという問いかけをすると，多くの生徒がうなずいていた。授業後の振り返りでは，「まずは，今やらなければいけないことを一生懸命やることが大事だと思った」，「いやなことから逃げずに努力する」や「自分のほしい能力は努力して，自分で手に入れる」といった前向きな意見が多かった。

評価のポイント

　今の自分を謙虚にとらえ，かつ，努力することで自分が成長できることを信じ，前向きに進路選択できる記述が見られれば，A評価としたい。

〈生徒の記述からのA評価の例〉

・今の自分にたりないものは，バレーボール（部活動）でどんなボールにも逃げずに立ち向かえるようになること。結局は自分で努力することが大事だと思った。

・今の自分にないもの，足りない力は，つらいことや面倒くさいことなど，自分が嫌だなあと思うことを一生懸命あきらめずにやっていけば身につけられるのではないかと思った。

・今の自分に欠けているところが得意になれるように，苦手なことに挑戦して努力していくことが大切だと思いました。日々の積み重ねでできることが増えると思いました。

（佐藤裕子）

4 主として自分自身に関すること
希望と勇気，克己と強い意志
九番バッター

● ねらい

　一つの目標に勇気をもって取組み，自分で決意したことには，最後まで粘り強くやり遂げようとする態度を培う。

● 教材の概要

　野球部に所属する主人公は，3年間レギュラーになれずに過ごす。しかし，監督からバントだけはほめられて，そのための練習を怠ることはなかった。部活動を引退した作者が，挫折しそうになりながらも，野球をやり抜いた姿と現在の成就感がさわやかに描かれている教材である。

● 準備するもの

・ワークシート（本書 p.121）　・保護者からの手紙（家族からの励ましの手紙を準備する）

● 生徒にはぐくみたいこと

　クラスの一員であるM子さんの生活ノートに，次のような悩みが書かれてあった。
　「今の私に，また○○部ができるでしょうか。今の私の心の中は，深く傷ついていて，部活のことを考えると，怖くてたまりません。先輩たちの顔や目を見ると私はできないんだって思ってしまいます。（中略）腰をひねる，手首を使わない，先輩たちに教えてもらったことをやっているのにうまくいかない私が悔しくて嫌いです。」
　入学後，期待に胸を膨らませて入部した部活動が原因で，早退や欠席が続くのは，大変残念なことである。そこで，M子さんに声をかけると，本人は「うまくできない自分が悔しい」と主張していたものの，苦手なこと・得意なことに分けて話を聞いてみると，苦手なものの中に「先輩」という言葉があり，「部活動」で「先輩が恐い」ことが判明した。そこで，思い切って「先輩」に「うまくなるためにはどうすればよいかを相談する」ことを提案した。
　この事例からも明らかなように，1年生のこの時期は，中学校生活や始まったばかりの部活動に大きな希望を抱き，大変意欲的に生活できる時期である反面，新しい環境となり人間関係につまずきやすい時期でもある。そこで，本教材を「3年間，一つのことに打ち込んだ野球部」の「先輩のお話」として提示し，勇気や強い意志，さらには希望を考えさせたい。
　本時では，勇気や強い意志は希望に裏づけられ，また，希望や勇気が強い意志をもたらすことを学級全体で共有しながらその価値に意義を見出せるよう話し合い活動を展開する。

板書例

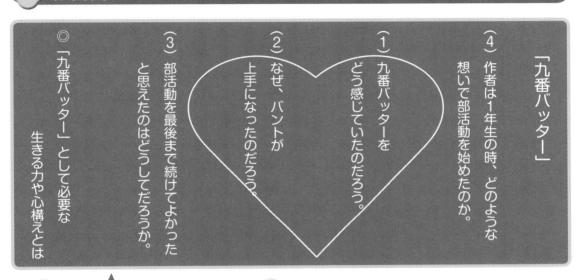

「九番バッター」

(4) 作者は1年生の時、どのような想いで部活動を始めたのか。

(1) 九番バッターをどう感じていたのだろう。

(2) なぜ、バントが上手になったのだろう。

(3) 部活動を最後まで続けてよかったと思えたのはどうしてだろうか。

◎「九番バッター」として必要な生きる力や心構えとは

板書のポイント

話し合いのプロセスがわかる板書構成にする。1年生のこの時期なので、時系列で考えさせるだけでなく、作者の思いに共感できるように授業を進めたい。発問順に（1）〜（3）を板書し、（1）と（2）を主人公の成長の証としてひとくくりにする。最後に改めて、部活動を始めた頃の気持ちを問うことで本時のねらいに迫るため、（4）は右端に書き、時系列を完成させる。こうすることで、現在の自分の心境と重ね合わせて、自分との関わりで考えることができるように構想した。

本時のポイント

教材研究の段階での展開の概要は、以下のとおり。
導入：やり抜いた経験を話し合う。
展開：教材を読んで話し合う。
　　　◎作者はなぜ、部活動を最後まで続けてきてよかったと思ったのだろうか。
終末：物事をやり遂げるために必要なことについて話し合う。

しかし、小規模校であること、小学校から中学校までの9年間、単学級で過ごしていること、同じような生活経験の中で、新しい考えに触れる機会が少ないこと等を配慮して、自分に目を向け、自分を振り返らせ、自分が変わる、あるいは変わったことへの意識化を図るために、以下の学習活動を取り入れた。

・教材の感想を書くことで、これまで体験した出来事の振り返りをさせる。
・教材を通して人物の気持ちの変化を洗い出すことで、人物の成長に共感させる。
・自分との関わりでこれからの生き方を想像させるため、「物事をやり遂げるために大切な力」を自分の言葉で考えさせる。

学習指導案

	学習活動と主な発問	○指導上の留意点　◆評価
導入5分	1　生活経験「計画を実行してやり遂げた経験とそのときの気持ち」を想起させる ・やってよかった。 ・終わってほっとした。 ・またやってみたい。	○自由に想起させる。 ○価値への方向づけを行う。
展開35分	2　教材を読む ・感じたところに線を引きながら読む。 ・感じたことを書く。 3　教材について話し合う （1）九番バッターをどう感じていたのだろう。 ・九番バッターにしかなれなかった。 ・九番バッターでもレギュラーになれた。 （2）なぜ，バントが上手になったのだろう。 ・認められたからさらに上手になった。 ・努力をしたから認められた。 ・レギュラーの中で一番下手という自覚。 ・試合に出られる喜び。 （3）部活動を最後まで続けてよかったと思えたのはどうしてだろうか。 ・自分に自信がもてた。 ・やる気が出てきた。 ・一つのことをやり抜いた自信がついた。 ・弱い気持ちに負けない，強い心をもつことができた。 （4）作者は1年生のとき，どのような思いで部活動をしていたのだろう。 ・続けられるか不安だった。 ・初めての部活動をがんばろうと思った。 ・自分の力を知った。 4　最後までやり抜くためには，どんな力や心構えが必要だろうか ・あきらめない力。 ・自分を認める力。	○教師が範読する。 ◆自分の言葉で表現できたか。（ワークシート） ○九番バッターの立場を補足説明する。 ○一番下手という自覚から努力の成果を自覚するまでの変容に気づかせる。 ○やり抜いたことでさらに自信がついたことに気づかせる。 ◆気持ちの変化をとらえることができたか。（挙手・発言） ○ワークシートを配布する。 ◆自分の言葉で表現できたか。（ワークシート）
終末10分	5　保護者からの手紙を読む ・一人ひとりに手紙を渡す。 ・手紙を読む。	＊静かなBGMをかける。

授業での生徒の様子

前述のM子さんの授業でのエピソードに注目して授業を振り返ってみる。

（１）「読んだ感想を書きましょう」へのM子さんの発言と記述

「私には，この主人公がどんな気持ちだったかよくわかった。バントのお手本にされてコーチにほめられる気持ちがとてもわかった。悔いは残らないという文がどんなことがあってもあきらめなかったからだと思う。」

（２）「あきらめないためにはどんな力が必要かな」の問いかけに対するM子さんの発言

授業者の「あきらめないためにはエネルギーがいるよね。そのためにはどんな力が必要かな」の発問に，学級内で次々と手が挙がり「努力」「希望」「やる気」「あきらめない」「自信」「才能」「仲間」「協力」と発言が続く中，M子さんもしっかりと挙手をし，指名を受けて，「めげない気持ち・がんばる力」と発言していた。

（３）「今日の活動で気づいたこと，感じたことをまとめましょう」へのM子さんの記述

「私は主人公の気持ちがよくわかり，今の私みたいな気がした。ほめられた気持ちなど，今の自分みたいだと思います。私も主人公みたいにあきらめない気持ちやむだにしない心をたくさんもちたい。」

評価のポイント

評価は，本時のめあてを達成するための手立てである学習活動に即して行った。

（１）教材の道徳的な場面を自分との関わりでどのように認識しているのか。

（２）教材の人物の心情の変化を洗い出すことで，人物の成長に共感することができたか。

（３）自分との関わりでこれからの生き方を想像させるため，「物事をやり遂げるために大切な力」を自分の言葉で考えることができたか。

授業後のM子さんの生活ノートには，「１位になるための必死の練習はきついこともあったががんばれた。本番ではドキドキして何が起きるかわからない状況だったが，（応援の）人が数えられるくらいの余裕がもてた。練習をあきらめなくてよかったと思う。ゴールしたときは，最後までやりとげたという気持ちがたくさんあった」と記されていた。その後は学校を休まずに部活動を続け，１年生の代表選手になるまでに成長した。（授業者のエピソード評価より）

生徒自身に自分の生活のエピソードを語らせることは，自己を分析する力につながり，授業の振り返りと意識化を図るには，有効な手立てだと考えている。また，教師自身が生徒のエピソードを語ることは，生徒の発達段階に即した授業改善が期待できる。いずれにしても，指導と評価の一体化を図り生徒のどんな力を育てたいかを明確に意図して行う授業には，学びもエピソードも生まれると考えている。

（渡邉真魚）

【参考文献】「九番バッター」『中学道徳１』東京書籍

5 主として自分自身に関すること
真理の探究，創造
風に立つライオン

◉ ねらい

　主人公が自らの生き方を語る歌詞を読み，困難や逆境にもくじけず，自分のあるべき姿をひたむきに追い求める生き方と，夢をあきらめ，安易に妥協しながら働くような生き方を比較して考えさせる。また，歌詞にある「風に向かって立つライオン」とはどのような生き方かを考えさせ，話し合わせる。こうした学習活動を通して，志を高くもち，理想の実現に向けて力強く誠実に生きようとする道徳的実践意欲を育てる。

◉ 教材の概要

　一人の青年が，日本から遠く離れたナイロビの地で，アフリカ巡回医師として働いていた。そんなある日，かつての恋人から結婚を知らせる手紙が届いた。それに返信する手紙の中で，彼は現在の仕事を振り返り，また自分の生き方を見つめ直している。医師として現地の人々と触れ合う中で，日本では気づかなかったよさや新たな価値に気づき，困難な生活の中にも幸せを見出していく。そして，困難な状況にあってもくじけたり安易に妥協したりするのではなく，「風に向かって立つライオン」のように，どんな困難にも立ち向かい，理想の実現に向けて力強く生き抜いていこうと決意する。筆者の信念が伝わってくる手紙形式の歌である。

◉ 準備するもの

・ワークシート（本書 p.122）　・フラッシュカード　・楽曲 CD
・ライオンの写真（パワーポイント）

◉ 生徒にはぐくみたいこと

　3年生は，受験や卒業を目の前にして，新たな社会への期待や不安を抱く時期である。進路決定に際して自分自身と向き合う中で，夢や希望に向かって前向きに努力しようとする一方，自分には無理だと安易にあきらめたり，つらく困難な状況から逃げ出したいと考えたりするなど，様々に葛藤して思い悩むことが多い。授業では，不安やマイナスの心情を否定するのではなく，そうした中学生らしい素直な思いを受け止めながら，本教材から「理想の実現に向けて，困難に立ち向かっていこう」というメッセージを受け取り，不安に立ちすくむ生徒の背中をそっと押してあげられるような時間にしたい。そのためにも，「辛いこともあるけどしあわせ」と言える作者の思いに気づかせ，また「風に向かって立つ」ことの意味を考えさせながら，理想の実現に向けて誠実に力強く生きようとする意欲を引き出していきたい。

板書例

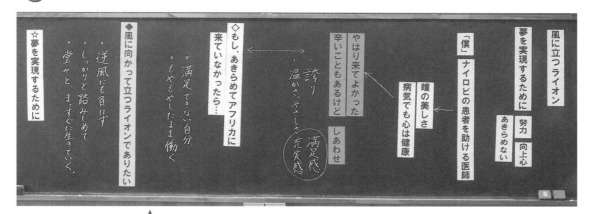

板書のポイント

・後半の生き方に焦点化するため、主人公の生活については、最低限のポイントを押さえる程度に留める。
・主人公が、現在の生活について「辛いこともあるけどしあわせ」だと充実感や満足感を抱いていることを理解させる。そのために、単なる幸せではなく、困難な状況でも「しあわせ」だと感じられるのは、それが自分の夢であり、理想を実現しているからだと気づかせる。
・「もし、アフリカに来ていなかったら」と逆の立場で考えさせることにより、夢とはかけ離れた環境でのもどかしさや、充足感に欠けた思いに気づかせる。
・まとめとして「夢の実現に必要なもの」を考えさせ、価値に気づかせるとともに、導入時の考えと比較できるようにする。

価値に迫るためのポイント

・「『辛いこともあるけどしあわせ』と言えるのはなぜか」と問いかけ、夢を実現させて生き生きと働く主人公の姿をイメージさせたい。そのための補助発問として、「もし、アフリカに来ていなかったら」という逆の生活をイメージさせ、理想とはかけ離れた生活でのもどかしさと対比させることで、「充実感」や「満足感」に気づかせたい。
・「風に向かって立つライオン」とは、どんな人間の姿をたとえているのかを考えさせるために、「風」、「向かう」、「ライオン」という一つひとつの言葉から、関連する言葉を具体的にイメージするよう助言する。
・実際の曲を聴くことによって、情景のイメージを広げ、メロディーや強弱の違いから、作者の歌に込めた思いに気づかせる。

学習指導案

	学習活動と主な発問	○指導上の留意点　◆評価
導入5分	1　夢を実現するために必要なものは何かを考える ・勇気 ・努力 ・あきらめない気持ち　など	○受験や卒業を控えた今の不安や心配な気持ちを受け止めながら，受験や将来の夢を実現するために必要なものは何かを考えさせることで，積極的に考えようとする意欲を高める。
展開35分	2　教材「風に立つライオン」を読み，概要を押さえる ・ナイロビで働く医師（巡回医師として働くことが，主人公の夢）。 3　巡回医師として働く主人公の思いをとらえる ○主人公が，「辛いこともあるけどしあわせ」だと感じているのはなぜでしょうか。 ・今の生活に満足感を抱いているから。 ○もし，主人公がアフリカに行くことをあきらめて，日本で医師として働いていたとしたら，どんな気分でしょうか。 4　主人公の生き方について考える ◎「風に向かって立つライオン」とは，どんな生き方をしたいと考えているのでしょうか。	○読む前に，日本にいるかつての恋人から結婚を知らせる手紙を受け取った主人公が書いた手紙の内容であることを伝え，共通認識をもたせる。 ○それぞれの連ごとに区切って，わかりやすく範読する。 ○「生活が何不自由なく快適であることがしあわせ」という考えに対して，「辛いけどしあわせ」という考えの背景には，どんな思いがあるのかを考えさせる。 ◆自分の理想を実現させる過程では，辛さよりも幸福感の方が大きいことに気づくことができたか。（観察・ワークシート） ○逆の状況をイメージさせることで，「快適だからといって，必ずしも現状に満足できるわけではない」ということに気づかせ，そこに必要な考え方（志や理想の実現）につなげられるようにする。 ○「風」（たとえ強い風でも，冷たくても），「向かって」（顔を背けることなく，立ち向かう），「ライオン」（力強い生き方の象徴）など，具体的にイメージさせる。 ◆主人公のその目線の先にあるもの（目標，志）にも気づくことができたか。（ワークシート）
終末10分	5　夢を実現するために，どんな生き方をしたいか，自分の考えをまとめる	○実際の曲を聴きながらイメージを広げ，歌詞に込められた思いを考えるとともに，これからの自分の生き方について具体的に書くよう助言する。

授業での生徒の様子

　まず,「主人公が『辛いこともあるけどしあわせ』だと感じているのはなぜか」について考えさせ,ワークシートに自分の考えをまとめさせた。生徒からは,「困難な環境にあっても,自分の仕事に誇りをもっているから」,「患者たちの優しさやあたたかさに触れ,仕事にやりがいを感じているから」などの意見が出された。このことから,たとえ困難な状況であっても,夢や志をもって仕事をすれば,そこに充実感や満足感を抱けることに気づかせることができたと考えられる。

　次に,「もし,主人公がアフリカに行くことをあきらめて,日本で働いていたとしたら,どんな気分でいたか」について問いかけ,生徒の考えを逆の立場から揺さぶり,本時のねらいとする価値に気づかせようとした。生徒からは,「自分の生き方がつまらなく感じ,嫌になったかもしれない」,「不自由のない暮らしはできるが,仕事に満足できず,ただ毎日が過ぎていくだけ」,また「もやもやしたままで,一生後悔するかもしれない」などの意見が出された。このことから,どんなに快適な環境であっても,志高く生きられなければ,十分な満足感は得られないことに気づかせ,中心発問につなげることができた。そして,中心発問である「『風に向かって立つライオン』とは,どんな生き方をしたいと考えているのか」について一人ひとりに考えさせ,話し合いを行った。生徒の思考を促し,価値に気づかせるための支援として,パワーポイントを用いてライオンの写真や考えるためのヒントを提示した。生徒同士の意見交換の中から,「自分に不利な状況であっても,そこから逃げるのではなく,ライオンのように堂々と胸を張り,力強く生きていきたい」という意見や,「厳しい社会の現実や他者からの批判など,人生における逆風に負けず,それに立ち向かい,強い意志をもって生きていきたい」などの意見が出された。このことから,志や強い信念をもち,厳しい状況から逃げずに,それを乗り越えていこうとする道徳的価値に気づかせることができたと考えられる。

　最後に,曲を聴くことで,一人ひとりが歌に真剣に耳を傾け,メッセージを読み取りながら,自分自身と静かに向き合い,これからの生き方を考えようとする姿勢が見受けられた。ワークシートのまとめには,「自分の信念を貫いて,後悔しないように堂々と生きていきたい」「どんな困難にも負けず,自分に誇りをもてるような生き方をしたい」などの記述が見られた。

評価のポイント

　本時のテーマは,志高く,理想の実現に向けて力強く誠実な生き方について考えることである。したがって,単に海外で働くことのやりがいや,夢を実現する大切さだけに注目するのでは不十分である。志を高くもち,理想を追い求めることが困難を乗り越えるための大きな力になり,よりよい人生を歩むことにつながることを,多様な視点から考えさせることが肝要である。実現に向けて努力する姿勢を大切にし,評価していきたい。

（栗田　寛）

主として人との関わりに関すること

思いやり，感謝

とべないホタル

ねらい

　他の人の心を推し量り，寄り添い，相手の立場に立った思いやりの気持ちをもつこととともに，他の人に対して感謝する心を育てる。

　「思いやり」が大切なものであることや，お互いに相手のことを考えることが大切であることは，中学生であればみんなわかっている。役割演技を通して，本当の思いやりとはどういうことなのか，真の思いやりの心に触れたとき，人にはどのような感情が生まれ，感謝の気持ちをもつことができるかを感じとらせたい。

教材の概要

　さなぎから成虫にかえったとき，羽が伸びずに飛び立つことができない一匹のホタル。その姿を心配したり，見守っている仲間たち。しかし，そのことに「とべないホタル」は気がつかない。人間の兄弟に捕まりそうになったとき，どこからともなく降りてきて身代わりとなり，捕まってくれたホタルがいた。そのときに初めて自分のことを思いやってくれている仲間の気持ちに気づく。真の思いやりとはどういうものなのか，相手の立場に立つことや思いやりの心が感謝につながることを感じ取れる教材である。

準備するもの

・教材　・場面絵　・ワークシート（本書 p.123）

生徒にはぐくみたいこと

　「相手を思いやる」，言葉にするのは簡単なことである。しかし，「本当の思いやり」とは，単なるあわれみの気持ちやこちらからの一方的な思いで行われるものではなく，心から相手のことを考えて，相手の身になって行われなければならないことに気づかせたい。中学生ともなれば，自他ともにかけがえのない人間であることを理解した上で行動しなければならない。相手を第一に考えて自分のことよりも優先させるということだけではなく，真に相手のためになることとはどういうことなのかを常に考えながら，行動できるようになってほしい。いつも助けてやることがよいというわけではないし，もちろんその行為に対して見返りは求めない。

　役割演技によって，相手を心から思いやる仲間の行動に触れることで，わき上がる感情の中から，さらに「感謝」の気持ちへと進めていきたいと思う。そして，人間は決して一人で生きているわけではないことを改めて感じ取らせたい。

板書例

【板書（縦書き・右から左へ）】

場面絵
- 楽しそうじゃない
- 迷惑そう
- 困っている
- 元気づけようとしているかも
- 病院は退屈だろうし・・・

「一人ぼっちになってしまったホタル」
- 悔しい
- さみしい
- 悲しい
- 何で僕だけ

場面絵

「代わりに捕まってくれたホタル」
- 何で助けてくれたの
- 自分のために・・・
- 僕の代わり・・・申し訳ない
- 自分のせいで・・・

場面絵

◇「僕のために・・・」
◇「捕まってくれてありがとう」［感謝］
◆「とべるまで練習しよう」
　「いつでも一緒だよ」［思い］

板書のポイント

- 『私たちの道徳』から使用ページを拡大して掲示する。
- 生徒の思考の助けになるように、発問の中心場面の絵を用意し掲示する。
- 生徒の発言をすべて書く必要はないが、キーワードとなるようなものは、発問ごとに整理しておくとよい。
- 「とべないホタル」と仲間のホタルの区別がつけられるように二者の絵を用意し、立場を分けて、その思いを記述する。
- 特に、白鳥座の形に並んでいるホタルたちの姿と、それを見つめている「とべないホタル」の姿は強調して掲示し、役割演技へとつなげる。

役割演技のポイント

〈即興性を大切にする〉

- 演じさせようとしている場面は絵本にはない部分である。中学生くらいになると、かえってシナリオがあるとなかなかその状況から離れることができず、ねらいに迫るような本音が出せない場合がある。あくまで即興性を大切にするために、中心場面を自分たちで考えさせて、自主的に演じることが大切である。

〈演者指名と役割交代〉

- 発問に答える中から、その役割について自分の中でしっかりととらえている生徒を選びたい。それ故、安易に役割交代をすることは避け、演者、観客ともに感じたこと、考えたこと、気づいたこと等をていねいに発言させ、学びを深めさせたい。

第2章　実践・道徳授業づくり

学習指導案

	学習活動と主な発問	○指導上の留意点　◆評価
導入5分	1　入院している友達を見舞っているうちに，かなり時間が経ってしまったことについて考える ・必死で励まそうとしている。 ・元気を出させようとしている。 ・時と場を考えなければいけない。 ・疲れさせてはいけない。 ・相手の気持ちを考えなければいけない。	○『私たちの道徳』p.55「『思いやり』…って何だろう？」のページを開き，発表させる。 ○場面は絞ってもよいし，比較させてもよい。
展開38分	2　「とべないホタル」の教材を読み，場面絵を見ながら考える （1）取り残されたホタルの気持ちを考えましょう。 ・自分だけが何で飛べないのだろう。 ・くやしい。　・悲しい。 ・どうせ最後は置いていかれるんだ。 （2）自分の代わりに捕まってくれたことに気づいた，とべないホタルの気持ちを考えましょう。 ・みんなに見捨てられたと思っていたけど，そんなに僕のことを考えてくれていたのか。 ・君の気持ちやあたたかさをわかってなくてごめん。 ・いつも見ていてくれたから来てくれたんだね。 ・僕のために犠牲になってくれたんだ。 ・どうしよう，早く助けないと。 （3）仲間のホタルの行動をどう思いますか。 ・勇気がある。 ・自分にはできないかもしれない。でも自分も行動できたらいいと思う。 3　「とべないホタル」の教材を読み，役割演技を通して考える ◎白鳥座の中心に帰ってきたホタルを見つけたとき，とべないホタルはどんな思いだったでしょう。2匹のホタルを演じてみましょう。 ・「助けてくれてありがとう。心配していたんだ。」 ・「僕の方こそ，何もしてあげられなくてごめん。」 ・「君は一人じゃないよ。」	○場面絵を提示しながら範読し，じっくり考えさせる。 ○寂しい気持ちに共感させたい。 ○仲間への信頼や応援への感謝の気持ちが少なくなったことに気づかせる。 ○涙の理由を考えさせ，仲間のホタルの気持ちを推測させる。 ○十分に時間をかけて意見を出させ，次の発問へつなぐ。 ○どのように議論が進んだのか可視化できるように板書でまとめる。 ○補助発問を準備する。 ◆仲間の思いを考えることができたか。（観察） ○役割演技で，それぞれの思いを自分の言葉で自由に表現させたい。 ○演者だけでなく，観客の感じたことも十分に感想を述べさせる。 ◆自分の言葉で考えることができたか。（観察・ワークシート）
終末7分	4　教師の説話 ・『私たちの道徳』p.59を読む。	○人間も，様々な人々や物事とつながり，支え合いの中で生きていることに改めて気づかせる。

授業での生徒の様子

（１）導入は短くについて

本時では，『私たちの道徳』の一場面を用いて導入とした。話し合いを深めるためには，導入部分はできるだけ短い方がよい。また，生徒に反省を促すように，最初からネガティブな体験を振り返らせる必要もない。何のための「お見舞い」だったのかを中心に，場面絵をもとにしながらそれぞれの立場で考えさせたため，スムーズに教材に入ることができた。

（２）感謝の気持ちへつながった「思いやり」について

中心発問の部分でもある役割演技に入る前に，「代わりに捕まってくれたホタルの行動」について発問し，学級全体で考えさせた。生徒たちの発言は，「なんで捕まってくれたんだろう」という助けてくれたことに対する疑問の声と，「自分のせいで友達が捕まってしまった」という罪悪感や申し訳ない気持ち，「自分のために」「ありがとう」という感謝の気持ちなど大きく三つに分類することができた。ここでは相手に対しての思いを自分の中に強くもつことができた生徒を意図的に指名し，役割演技をしてもらうこととした。

「とべないホタル」を演じた生徒は，戻ってきたホタルに対して，すぐに感謝の言葉を伝えた。それに対して，「一人にしてごめん。飛べるまで一緒に練習しよう」とともに努力しようと答えた生徒もおり，相手のために何ができるか，何をすべきかを全体で考えることができた。

（３）生徒の学びについて

授業後のワークシートは，「とべないホタル」の役割を取得しつつ，仲間たちの心遣いに対する「感謝」とそれを受けて自ら努力しようとする「決意」を書いたものが多かった。また，仲間のホタルについては，改めて相手にどんなことをしてあげることがよいことなのか，何が必要かを考え，その言葉かけにより，真の思いやりについて考えられた生徒が多かった。併せて，「支えてくれる人がいて，協力があって生活することができる」というように周囲との関係に気づいた生徒たちもいた。

評価のポイント

発達段階から考えれば，単に相手に対する「あわれみ」のような気持ちで何かをしようとすることが「思いやり」なのではなく，相手と自分，それぞれの存在を認め，大切にしつつ，相手のために何ができるかを深く考え多面的・多角的にとらえさせる話し合いを実践していくことが大切である。本教材では，ホタルが飛べないことについて単に「心配している」ことを伝えたり，「身代わりとして捕まる」ことで終わりにしたりしてはならない。相手を尊重し，相手のために何ができるかということを考えることが大切で，そのことに気づくことができているか，具体的に何をしようとしているか，ワークシートの記述や生徒たちの発言から見取っていくことが必要である。

（大舘昭彦）

7 主として人との関わりに関すること
思いやり，感謝

ありがとうの気持ちをこめて

ねらい

自分を支えてくれている存在に目を向けながら，絵本の読み聞かせによって教材を読み進めることを通して，他の人との関わりの中で，善意や支えによって自分が生きていることを理解し，周りの人に感謝し，支えに応えるにはどうすればよいか，道徳的実践意欲を培う。読み聞かせも，立ち止まり，対話をしながら読み深めることで，自分に引き寄せ，友達と物語や感情を共有する一体感を育む。

教材の概要

本教材は，東日本大震災を巡る福島県在住の姉弟の実話を扱った教材である。小学校3年生を対象とした副読本に掲載されている教材であるが，中学生にも考えさせたい価値がつまった力のある教材であると考える。本時でねらっている，感謝を伝えるだけに留まらず，現在の自分を取り巻く人々の善意や支えに「応える」とはどういうことなのか，多様な価値観を引き出すのに適した教材である。なお，東日本大震災に関連する教材であることから，生徒の被災状況にも十分配慮したい。

準備するもの

・事前の生徒アンケート　・場面絵　・PC　・大型テレビ
・新聞記事など　・ワークシート（本書p.124）

生徒にはぐくみたいこと

学習指導要領では，感謝については小学校高学年から，感謝の気持ちを育むことに加えて，その気持ちに「応える」の文言が加わる。小学校における内容との接続や系統性を踏まえるとともに，自己を他の人との関わりの中でとらえ，望ましい人間関係の育成を図りたい。本時で扱う教材は小学校3年生を対象としているが，教材では感謝の意を伝える段階でとどまっているため，この時間ではあえて「人々の善意や支えに応える」に特に重点を置いて生徒と道徳的価値について考え，人々の善意や支えに応えるにはどうすればよいかという道徳的実践力を培いたい。なお，感謝の心は，他の人との関わりに始まり，多くの社会の人々への感謝，さらには自然の恵みへの感謝へと次第に広がっていくものである。中学校卒業までの3年間で，自然の恵みにまで感謝の心が広がる段階へ引き上げるための仕掛けを継続的にしていきたい。

板書例

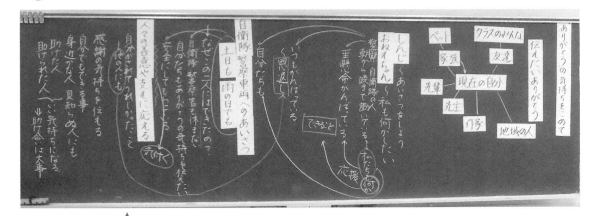

板書のポイント

- 事前アンケート結果については，自分が多くの存在によって支えられている事実に，生徒が目を向けられるように図式化する。
- 単なる発言の羅列にならぬよう，ウェブ状に繋ぎながら板書し，生徒の思考を焦点化・明確化する。議論の流れを可視化できるように繋げる。
- 生徒の手元に教材がない中で進める際には，フラッシュカードを用いて教材の流れを押さえさせるとよい。その際，登場人物の心情に合わせて色を変えるのも効果的である。

つなげる－事前・本時，自分・他，生徒同士

- 『私たちの道徳』p.85の質問から「伝えたいありがとう」について，その内容と伝えたい相手の事前調査を兼ねたウェビング（キーワードとなる言葉をつないで地図を作る）を行う。ワークシート下半分を空欄とし，事前調査回収後に本時のワークシートを印刷する。事前の自分の考えと事後の自分の考えがどう変容したかを生徒自身に気づかせるようにする。
- 授業での展開前段では，対話を大切にしながら読み聞かせを行い，生徒と一緒に展開を予想したり，教材から発見をしたりしながら，姉弟の活動をとらえさせたい。展開後段では，多様な考えを引き出せるような発問を工夫し，授業者は生徒の考えをつなげるファシリテーターとしての役割を果たすようにしたい。意見は全体で共有することによって，生徒同士の多様な価値観に出会わせることができるようにしたい。

学習指導案

	学習活動と主な発問	○指導上の留意点　◆評価
導入5分	1　「伝えたいありがとう」(「私たちの道徳」p.85)について事前調査の結果を聴く	○アンケート結果を通して,価値の方向づけをする。
展開前段20分	2　対話をしながら読み聞かせで教材を読む ※『　』=資料の中の文章　「　」=発問 (1)『地しんとつなみの一か月後』 　→「いつのことかな?」 (2)『どろやこわれたものばかりです。それに』 　→「しんじ君がびっくりしたのは他になんだと思う?　聴かせて。」 (3)『もくもくと仕事をしている人がいました。』 　→「しんじ君が見たのは誰だろう?」 (4)『その車を見つけたしんじが』 　→「しんじ君はどうしたと思う?」 (5)『しんじは…道路に立ちました。』 　→「しんじ君はどうしようとしたんだろう?」 (6)『車に乗った人がわかりやすいように,』 　→「どうしたと思う?」 (7)『お母さんは心配して,しんじに,行くのをやめるように言いました』 　→「しんじ君は,行くのをやめたと思う人?　行ったと思う人?」 　「それでもしんじ君は行ったんだよ。なぜだと思う?」 ○しんじは,なぜあいさつをしようと思ったのでしょう。 「おねえちゃんも何かしたい」と思ったのはなぜでしょう? 3　ニュース映像を見る ○二人のような行動は,誰にでもできることでしょうか。 ○二人にはそれができたのは,なぜでしょう。	○教師の範読を途中で止め,内容について問いかけながら読むことで教材の場面を理解させる。 ○読み聞かせの後に,教材を配付し,教材をもとにしながら考えさせるようにする。 ○『ふくしま道徳教育資料集　第Ⅰ集　生きぬく・いのち』(平成25年　福島県教育委員会義務教育課)p.72には,この姉弟の画像資料が掲載されている。また新聞などでも二人の活動はたびたび取り上げられている。いずれもwebにて入手可能な資料であるため,映像が入手できない場合は画像や報道資料を活用する方法もある。
展開後段15分	4　「私たちの道徳」p.82の詩を読む ○「人々の善意や支えに応える」とはどういうことでしょうか。 5　教師が他者に助けられた体験を聞く ○人々の善意や支えに「応える」とはどういうことか,もう一度考えてみましょう。	○詩の中の「互いに届け合う」から,感謝は伝えるだけでなく,それに応えるという側面もあることに目を向けさせたい。 ○事前に資料を封筒に入れ,配布しておく方法もある。 ○席の近い生徒同士が自由に相談できるようにしておく。 ◆他者の多様な考えにふれ,自分の考えを深めることができたか。(ワークシート)
終末10分	6　本時の感想を書く	○事前のアンケートに使った用紙の下半分に,新たに印刷したものを配布する。

授業での生徒の様子

　事前の教材「伝えたいありがとう」(『私たちの道徳』p.85)では,生徒全員が「家族」をあげた。登下校の際に地域の方が,あいさつをしてくれたり「お疲れ様」と声をかけたりしてくれているという生徒の意見には驚いた。導入では,このアンケート結果をウェブ状に板書しながら紹介するなど,生徒たちからは笑顔がこぼれ,和やかな雰囲気の中で授業が始まった。震災と原発事故を経験した生徒たちだったので,教材が震災のこととわかると教室の空気が変わり,真剣に教材の読み聞かせに耳を傾けていた。教材に関する質問をしたり,その後を予想するような質問を投げかけ,対話をしながら教材の読み聞かせをする展開であったため,登場人物の心情や状況に寄り添いながら,生徒たちが教材に引き込まれていく様子が感じられた。手元に教材がない状態で,耳で聞いて理解させることで生徒を教材に引き込んでいく,という点では,対話しながらの読み聞かせは効果があると考えている。

　生徒は震災と原発事故を経験し,中には遠方への避難を経験した生徒もいたため,活発な話し合いと言うよりは,じっくりと教材に向き合う姿が見られた。登場人物は実在しており,実話を基にした教材であることがわかると,息を飲むような雰囲気が教室に流れた。授業後の振り返りでは「私たちは身近な人だけでなく,見ず知らずの人にも支えられている」,「感謝を素直に伝えられる人になりたい」,「自分がされて嬉しかったことを他の人にもする」,「将来,震災のときに助けてくれた人に恩を返せるようになりたい」,「人というのは,支え合わなければ生きていけない」,「自分に利益がなくても,人のために何かをできる人がこの世にはたくさんいるので,自分も,そのうちの一人になれたらいい」,「自分はたくさんの人に支えられてきたので,その思いを言葉や行動で示していきたい」,「支えられているから支える」等,報恩や恩送りに目を向けた意見が多く見られた。

評価のポイント

　事前と事後の考えがどう変容したか,生徒自身に気づかせるため,事前の質問用紙の下半分を空欄のまま配布し,回収後に本時のワークシートを印刷して活用する。また,事前に生徒自身が書いた「伝えたいありがとう」を改めて読むことで,「過去」－「現在」－「未来」と自分の姿を繋げることができた。授業後は,教員自身も,ワークシート上段と下段の生徒の記述の変容や認識の広がりを比較して評価することができるため,効果的な方法と言える。さらに生徒の記述を蓄積し道徳の時間の発言の様子も含め,通知表所見に記入するようにしている。しかし,同様の振り返り方法を何度も用いるとマンネリ化も懸念される。教員自身が,様々な評価方法やワークシート,展開の手法を選択し組み合わせることができるよう,他の教師とそれぞれの強みを持ち寄り,協働して様々な評価方法や指導方法の知見を広め,教師自身が常に学び続けていく必要があろう。

(星　美由紀)

主として人との関わりに関すること

礼儀

半分おとな　半分こども

ねらい

　礼儀について，導入と終末の段階でカルタという遊びの要素を含んだ形で表現させる。礼儀とは何かを短い言葉でわかりやすく具体的に考えさせるだけでなく，道徳の授業を受ける前と受けた後での自分の生活を比較することで，道徳的心情を養う。さらに，礼儀について自分の言葉で表現する活動を通して，本時の学びをこれからの実生活に生かし，適切な言動を心がけようとする実践意欲を培う。

教材の概要

　近ごろの中学生は「礼儀知らず」だと主張する新聞の投稿に腹を立てながら，自分自身を振り返る少女が主人公であるため，同じ世代の少女の視線を通しながら，生徒は自らに問いかけ，考えることができる教材である。本来の礼儀の意義を正しく理解し，これまでの自分の在り方と照らしながら，時と場に応じたより適切な言動を心がけようとする意欲をもたせるには好適な教材と言える。

準備するもの

・ネームマグネット
・ワークシート（本書p.125）　・カルタ用の厚紙１人２枚

生徒にはぐくみたいこと

　礼儀とは「親しき仲にも礼儀あり」と言われるように，人々が社会でともに生活を営み，円滑な人間関係を保っていく上で守るべき道理である。具体的には，言葉遣いや態度，動作となって表れるものであるが，その根底には人間尊重の精神が欠かせず，心と形が一体となってこそ，はじめてその価値が認められるものであるということを理解させたい。
　また，同じ世代の学校という限られた集団だけでなく，よりよい社会の形成者としての役割と責任があることを自覚し，他者への配慮，思いやりをもって行動しようとする意欲をはぐくみたい。

板書例

礼儀
半分おとな　半分こども

Q1 「今の中学生は礼儀知らずだ」という意見についてどう思いますか。

[賛成]　　　　　　　　　　　　[反対]
ネームマグネット　←う〜ん→　ネームマグネット

Q2 あなたが考える「礼儀知らず」とはどういう人のことをいうのかな。
・言葉遣いが悪い
・挨拶ができない
・マナーを守らない
・ありがとうを言わない

Q3 心の中で思っている感謝や謝罪をうまく表現できない。これも「礼儀知らず」になるのかな。

[なる]　　　　　　　　　　　　[ならない]
ネームマグネット

Q4 「礼儀」とはどういうものだろう（班ごとにまとめよう）
1班
2班
3班
4班
5班

本時のポイント
礼儀とは心と体が一体となって初めて価値が認められる。

板書のポイント

・自分の考えをネームマグネットで黒板に貼ることで全員に意思表示の機会を与え，他の人の考えを可視化する。教師の指名もマグネットにより意図的になると考える。
・「礼儀知らず」というキーワードを使った発問とそれに対する生徒の答えを板書し，各自が学びの跡を振り返ることができるように整理する。
・礼儀知らずな人を他人事として批判的にとらえるだけでなく，最後は礼儀とは相手に対する敬愛の気持ちを具体的に示すことであることに気づかせ，自分自身の「礼儀」についても振り返ることができるように時間を確保する。
・ねらいに迫る発言には赤線を引く。

カルタを活用するポイント

〈導入での活用ポイント〉

・生徒が「礼儀」に対し現段階でどのくらいの道徳的価値が育っているのかを生徒自身に自覚させるために宿題としてじっくり今までの自分を振り返る時間をもたせる。その際，カルタで現在の自分の礼儀に対する考えを表現させる。カルタを導入で発表し合うことを通して展開に関心をもたせる。教師が生徒の実態把握をするのにも役立つ。

〈終末での活用ポイント〉

・読み物教材から学んだ礼儀とはどういうものかをカルタに表現しお互いに発表し合う。また，導入で使ったカルタと終末で使ったカルタの内容を比べさせ，自分の心の変容も発表させる。この活動を通して道徳的価値を自覚させ，さらには友達の発表を聞くことで新たな気づきも得られるようにする。

学習指導案

	学習活動と主な発問	○指導上の留意点　◆評価
導入 10分	1　宿題としてやってきたカルタを発表し合う ◎自分が考えてきたカルタを発表し合いましょう。	○発表は隣の人→後ろの人→斜めの人など近くの人と行わせあまり時間をかけない。 ○何人かに発表させ本時に関心をもたせる。
展開 30分	2　教材の前半から考える （1）新聞の記事について考える。 ○「今の中学生は礼儀知らずだ」という意見についてどう思いますか。黒板にネームマグネットを使って自分の考えを表してみましょう。 （2）「礼儀知らず」について考える。 ○あなたが考える「礼儀知らず」とはどういう人のことをいうのでしょうか。 ・挨拶ができない人。 ・言葉遣いが悪い人。 ・感謝の気持ちが伝えられない人。 3　教材の後半から考える ○私は心の中で思っている感謝や謝罪をうまく表現できません。これも「礼儀知らず」になるのでしょうか。黒板にネームマグネットを使って自分の考えを表しましょう。 4　礼儀とは何かを考える ◎礼儀とはどういうものなのでしょうか。自分の考えをワークシートに書きましょう。	○教材の前半を範読する。 ○「賛成」「う〜ん」「反対」の中で自分の気持ちに一番近いところにネームマグネットを貼らせ，それぞれのところから何人かに理由を発表させ，考えを共有する。 ○「礼儀知らず」について考えることで礼儀の意義を考えさせる。 ○公徳心に価値が流れないよう注意する。 ○教材の後半を範読する。 ○感謝の気持ちをうまく表現できないという筆者へ共感する気持ちから自分自身を振り返らせ，礼儀とは形にすることも重要であることを理解させる。生徒の日常生活でありがちな具体例を出すとより考えやすい。 ○ワークシートに自分の考えを書く→生活班で発表し合う→班の意見をまとめる→黒板に板書させる。 ◆自分の言葉でまとめることができたか。（ワークシート）
終末 10分	5　本時で学んだことを生かして礼儀についてのカルタを考える ○本時で学んだことを生かしてカルタを書いてみましょう。書き終わった人は1枚目の内容と比較して違いを発表し合いましょう。	○礼儀とは相手に対する敬愛の気持ちを具体的に示すことであることを理解させる。 ○自分が書いた2枚のカルタを比べることで本時内での自分自身の変化に気づかせる。

授業での生徒の様子

　道徳の時間だけではなく，数日前から事前に「礼儀カルタ」を考えさせたことで，本時の道徳の時間は「礼儀」について学ぶという自覚をもつだけでなく，「友達の考えたカルタを聞くのが楽しみだ」という声が多く聞かれ，道徳の時間へのワクワク感が高まり，導入の段階から笑顔のあふれるよい雰囲気でスムーズに展開することができた。

　展開後段の「感謝や謝罪の気持ちをうまく表現できないのも礼儀知らずなのだろうか」という質問からは，自分たちの日常生活にもありがちな内容だったため，授業前半では自由に意見が言える雰囲気から指導後半では自分自身の行動も「礼儀知らず」と言われても仕方がなかったなと自分をじっくり振り返る雰囲気が感じられた。終末でカルタを考える場面では，ほとんどの生徒が黒板を見て本時の学びの跡を振り返りながら真剣に取り組む姿が見られた。

〈生徒の感想〉

・最初は道徳でカルタを使って礼儀を考えるなんて珍しい組み合わせだなあと思ったが，やってみると楽しかったし，礼儀に関する考え方が変わった気がする。わかりやすく礼儀を考えることができた。
・カルタで楽しみながら礼儀を学ぶことができて一石二鳥だなと思った。
・宿題で礼儀に関してのカルタを考えることで，普段あまり意識していない礼儀についてじっくり考えることができた。他の人のカルタも聞いてみると色々な場面での礼儀があり，礼儀は身近にたくさんあるんだなあと思った。
・すごく悩んだけれど，終始，挨拶はどのようにすれば相手の気分がよくなるのかを考えてカルタを作った。
・今まで何となくわかっていたような気がしていたが，今回の時間で礼儀とはどんなものかがはっきりとわかり，これからしっかり行動に移していこうと思った。
・カルタという表現の仕方だったので，普通に考えたり，書いたり，発表したりするよりもわかりやすかったし，こうやって人として大切なことが学べたらずっと忘れないような気がする。
・他の価値でもぜひやってみたいし，全校生徒で同じ価値をテーマにしてカルタを考えて発表し合えたらいいなあと思った。

評価のポイント

　相手を思う心と形が一体となってはじめて礼儀の価値が認められることに気づけた。適切な言動を心がけようとする本時は，例えば導入では「㋻すれない　相手を気遣う　おもいやり」だった礼儀が，終末では「㋹いぎとは　伝わってこそ　わかり合う」になるなど，心と態度が伴うことが大切だということが感じられるような発言や気づきを促したい。

（小松裕子）

9 主として人との関わりに関すること
友情，信頼
アキラの選択

● ねらい

　教材の登場人物であるアキラとリョウタになって，2人の会話を続けることで，アキラの葛藤，リョウタに対する不満や不安を想像し，アキラが犯してしまった失敗を追体験させたい。友人関係のあるべき姿，友情というものが自分本位ではうまくいかないことに気づかせ，道徳的判断力をはぐくみたい。

● 教材の概要

　アキラとリョウタは小学生のころからの仲良しだ。クラスも野球チームでもずっと一緒だった。中学生になり，クラスが別々になってしまい，部活まで別々になってしまった。そんなとき，選択教科の希望調査が行われる。体育に強く興味を引かれたアキラだったが，リョウタが理科を選ぶと聞いて，苦手にも関わらず自分も理科を選択する。選択教科のクラス発表を見て，自分は理科だったがリョウタは社会になったことを知り，頭が真っ白になる。

● 準備するもの

・ワークシート（本書 p.126）　・フラッシュカード　・黒板に掲示する吹き出しの枠

● 生徒にはぐくみたいこと

　「友情」というものは，身のまわりにあふれているのに，正しくその意味を理解し，生活の中で生かしている人は大人でも少ない。中学生という発達段階では，友情を自分本位にとらえがちになるのは当然である。中学1年生は，新しい生活と新しい人間関係の中で，不安や悩みが多くなる時期である。小学校までの友人関係を引きずる生徒とそうでない生徒の間では，すれ違いや衝突も起こる時期でもある。

　そこで，本教材を通して，アキラとリョウタの関係を自分に置き換え，アキラの失敗に気づかせたい。リョウタはアキラのことを理解，尊重しつつ人間関係の幅を広げていく一方で，アキラはリョウタ1人に固執し，一見リョウタの意思を尊重しているように見えて「一緒にいたい」という自身の願いだけを叶えようとしている。教材のその後の2人の会話を考えることで，アキラの立場を追体験させ，2人の心境や判断の理由を考えさせたい。そして，自分たちの今現在の友人関係について見つめなおし，「これからどうしていけば今よりもよい友情をはぐくむことができるか」を一人ひとりに考えさせたい。

板書例

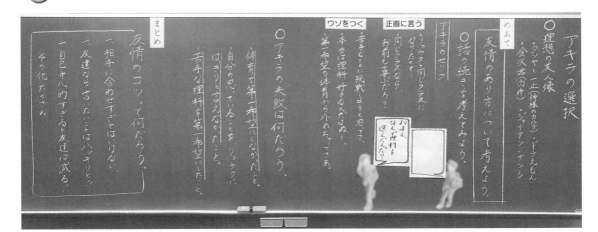

板書のポイント

・セリフを作ることが明確になるよう，教材の2人と吹き出しのプレートを用意する。

・「ウソをつく」「正直に言う」の二つのカードを用意し，発表された意見がどちらに属するのかが視覚的にわかりやすいようにする。

・クラスメイトの意見がどんなものかすぐにわかるよう，授業の流れと板書の方向を統一する。

友情のコツを導き出すためのポイント

〈セリフ作りのポイント〉

　リョウタのセリフはあらかじめ指定してあるので，それに合わせたセリフを考えるよう指示を出すと，はじめの二つのセリフは埋まりやすい。「あいづちでもいいよ」と声掛けすることで，思いつかない生徒も書きこむことができる。セリフ作りで重要なのは，三つ目のセリフで正直に言うか言わないかを考えることができるよう支援することである。

〈まとめの時間に入るときのポイント〉

　アキラの失敗を全体で話し合わせた後，自分が同じような失敗をしたらどのような挽回方法があるかを「友情のあり方」という観点から考えさせる。

学習指導案

	学習活動と主な発問	○指導上の留意点　◆評価
導入5分	1　理想の友達像を出し合う ・ドラえもん ・ジャイアン ・ジバニャン　など	○自由な発想を大切にし，マンガ，アニメ，映画，ドラマなどから連想させる。発表の際，理由も添えさせる。
	めあて　友情のあり方について考えよう。	
展開35分	2　教材を読んで，話の続きを考える ○話の続きを考えてみましょう。リョウタの言葉に対するアキラのセリフを考えてください。 ○グループになって，自分が作ったセリフを紹介し合いましょう。 〈正直に言う〉 ・「リョウタと同じクラスになりたくて……」 ・「同じクラスになれたらおまえも喜ぶと思ったんだけど……」 〈ウソをつく〉 ・「本当は理科が好きなんだよね」 ・「第一希望の体育から外れちゃって」 3　「アキラの失敗」について考える ○教材の中で，アキラが失敗したところはどこだと思いますか。 ・体育を第一希望にしなかったこと。 ・リョウタにきちんと話をしなかったこと。	○「自分がアキラなら…」を考えながら，個人で考える時間を十分に確保する。 ○少人数グループを形成し，順番に紹介し合う。その際，聞くときにはうなずく，発表の後には拍手をさせるよう支援し，発表の雰囲気をあたたかいものにさせる。 ○小グループでの紹介が終わったところから机を元の向きに戻させ，全部のグループが終了したところで全体でのシェアリングを行い，「正直」と「ウソ」の両方を発言させる。 ○自分の言葉で考えが書けるよう机間支援を行う。 ◆自分の言葉で書くことができたか。（ワークシート） ○数人に発表させ，全体で意見を交換させる。 ◆自分の考えを深めることができたか。（観察）
まとめ10分	4　自分にとっての「友情」を考える ○あなたにとって「友情」とはどんなものですか？	○個人で記入させる時間を充分に確保する。 ○数人に発表させ，出てきた意見から指導者が話をしてまとめとする。

授業での生徒の様子

　教材を範読したあと,「アキラばかだなあ」や,「リョウタちょっと冷たくない?」という声が生徒たちの中から上がった。話の続きを考える説明に入ったとき,「面白そう」という反応をした生徒もいたが,戸惑う生徒も若干名いた。しかし,机間支援しながら手の止まっている生徒に「正直に言う/言わない」のどちらの立場をとるか選択して考えさせるところまでたどりつき,その後のグループ活動へとスムーズにつなげていくことができた。

(1) グループでの交流

　生活班が4人で構成されているため,生活班のまま活動させた。班長から時計回りに発表をしていくが,どの班でも,「言いそう!」「確かに!」といった声と笑い声が上がった。グループ活動に入る前に,「発表を聞くときはあいづちを打ちながら聞くこと」「発表が終わったら拍手をすること」を指示していたが,仲間の作ったアキラのセリフに皆興味津々の様子であったため,指示は必要なかったかもしれないと感じられた。

　発表が終わった後は「アキラのどのセリフがいいか」について自発的に意見し合う姿が見られ,活発な話し合いが行われていた。

(2) 友情に大切なもの

　友情に大切なものを考えさせるため,「友情のコツ」というキーワードで考えさせたが,「どちらか片方に合わせるな」や「本当の友達なら言いたいことははっきりと言い合わないといけない」「自己中心的な人は友達ができない」などといった発言がたくさん出てきた。

評価のポイント

　本時のテーマは,「友情」である。情報が簡単に手に入る現代において,うまく「友人関係」を築けない中学生も多い。アキラとリョウタの友人関係の不自然さ(アキラが一方的に感じているだけであるが……)に気づき,不自然さをどう解消していけばいいのかを,クラスメイトの意見や,授業者の話から感じ取らせたい。そのために,ストーリーの続きを考えるという活動は,登場人物に自分を投影しやすく,道徳的場面で価値を考えさせたり判断させたりするのに適している。

　たとえば,「ウソをつく」セリフがいいと感じる生徒にも,友情のあり方の中で,「表面上の付き合いは友情ではない」といったことが出れば,自己を投影させることにつながる。ワークシートにはまとめの項に本時の感想も含ませているので,自己を振り返ったときに思考の変容が見られているかで本時の評価としたい。

(野俣光樹)

主として人との関わりに関すること

友情，信頼

アイツの進路選択

ねらい

　教材に出てくる登場人物の心情に触れることにより，よりよい男女の関わりについての理解を深め，自分自身の生活を見つめ直し，今後の生活に活かそうとする態度を育てる。

教材の概要

　主人公の真一は幼なじみの夏樹と1年生の中頃から交際している。真一と夏樹は進路希望の高校をどこにするか話をする。夏樹はコンピュータの勉強をしたいという希望と，以前，真一と同じ高校に行こうと約束をしたことから，情報科のある北西工業を志望する。しかし，真一は悩んでいた。夏樹を好きだという気持ち，同じ高校へ行きたいという気持ち。だからといって北西工業にしてしまうと，何か後悔しそうだと葛藤し，自分の気持ちを正直に夏樹に話す。突然の進路変更に戸惑う夏樹。考えれば考えるほど，真一と違う高校に行くというのは絶対に嫌だという気持ちが募る。

　真一は，水明高校の普通科と決心したものの，夏樹のことを考えると，進路希望調査書を前にペンを持つ手が止まってしまう。その時，夏樹のお母さんから真一に電話がかかってきて，自分と同じ水明高校に進路変更すると言ってきかないとの話を聞く。自分のことを想う夏樹の気持ちが，ずっしりと重く心にのしかかってきた。

準備するもの

・名前が書いてあるマグネットシート（ネームプレート）
・2色（3色）のカードを1人1枚ずつ（意思表示カード）　・ワークシート（本書 p.127）

生徒にはぐくみたいこと

　中学生ともなると心身ともに発達し，異性の存在を意識するようになる。こうした中で，異性と関わることを恥ずかしがり，周囲の自分への視線を気にするあまり，自分の意思とは裏腹な行動をとってしまったりするなどして，お互いの気持ちがすれ違うこともしばしばある。また，中学生の時期は，特定の異性と交際をすることも考えられる。お互い高め合っていける健全な関係であればよいのだが，それぞれ相手への思いが強いあまり，相手のことを優先的に考えて自分の意思とは裏腹な行動をとってしまったり，相手のことを束縛して相手の行動を抑止してしまったりすることもある。そこで，教材を通して，異性との関わりにおいて大切なことは何かを考え，お互いを高め合っていける異性とのよりよい関係について理解を深めさせたい。

板書例

板書のポイント

・真一の気持ちと夏樹の気持ちを分けて板書し，それぞれどのようなことを思っているのかを理解できるようにする。

・中心発問となる「自分が真一の立場だったら，どのような選択をするか」において，水明高校選択と北西工業選択の理由を分けて板書し，どのようなことを大切にして選択しているのかを明確にする。

意思表示のポイント

・中心発問となる「自分が真一の立場だったら，どのような選択をするか」において，自分がどのような進路を選択するか（水明高校か北西工業か）を，自分のマグネットシート（ネームプレート）を黒板に貼らせて〔または，意思表示カードを掲げさせて（例：青は水明高校，赤は北西工業など）〕，どのような理由から選択したのか，それぞれの意見を述べ合う。その後，時間に余裕があれば，それぞれの意見を述べた後に二次判断をさせてもよい。

・水明高校か北西工業かという二者択一ではなく，「その他」という選択肢を設け，この状況下でどのように行動するのが望ましいかを話し合わせると，問題解決型の道徳授業の展開となる。

第2章　実践・道徳授業づくり　53

学習指導案

場面	学習活動と主な発問	○指導上の留意点　◆評価
導入5分	1　（自分の好きな）異性と関わる上で大切なことは何かを考える ○（好きな）異性との関わりで大切なことは何ですか。 ・相手のことを気遣う。 ・お互い振り回されないようにする。 ・周囲に気を遣わせないようにする。	○異性と交際している生徒がいることも予想されるので，そのような生徒が周囲から冷やかされることがないよう配慮する。
展開35分	2　教材の朗読を聴き，真一と夏樹の気持ちを考える （1）真一と夏樹はそれぞれどのようなことを思っていたか。 ・真一：どうして俺の気持ちをわかってくれないんだ。俺を想ってくれているなら応援してほしいのに。 ・夏樹：一緒の高校へ行くと約束したのにどうして。真一と離れるなんて嫌だ。 （2）自分が真一の立場だったら，どのような選択をするか。どちらの高校を選ぶか，ネームプレートを黒板に貼って（カードを挙げて）意思表示させる。 ・自分が行きたい高校へ行く：夏樹は大事だけど高校が違っても会える。夏樹に振り回されてはいけない。 ・夏樹と同じ高校へ行く：夏樹に悪いから。北西工業も行ってみれば楽しいかもしれない。夏樹のことが好きだから約束を守る。 （3）それぞれの高校の選択は，どのようなことを大切にして選択しているか。 ・自分が行きたい高校：自分の進路をしっかり考えた結果。真剣に悩んで自分の納得する道を選んだ。やりたいことをやるため。 ・夏樹と同じ高校：夏樹を大事にするという気持ち。夏樹がやっぱり好きという思い。一度交わした約束はしっかりと守る。	○抜粋した教材を前半と後半の二つに分け，教材前半を提示する。 ○朗読の後，教材の内容を簡単に振り返る。 ○教材後半を提示する。 ○朗読の後，教材の内容を簡単に振り返る。 ○ワークシートに自分の言葉で記入させる。 ○理由を添えて考えさせる。 ◆自分の立場を明確にして考えることができたか。（観察・ワークシート）
まとめ10分	3　授業を振り返り，改めて男女との関わりで大切なことは何かを考え，本時の授業の感想を書く	○授業のまとめと説話（体験談など）をする。 ◆自分の生活を振り返り，これからの生活に活かそうとしているか。（ワークシート）

授業での生徒の様子

　2年生の3学期に進路学習をしたこともあり，導入では，お互いの選択に振り回されずに自分の興味や将来就きたい職業等によって進路選択をするという考えをもつ生徒が多かった。「真一と夏樹はそれぞれどのようなことを思っていたか」という発問については，登場人物の心情についてしっかりと理解できたようだった。

　その後，中心発問でマグネットシートを使い，自分の立場を黒板に貼らせた結果，「自分の行きたい高校を選択する」という生徒が，36人中31人に対し，「夏樹と同じ高校を選択する」という生徒が5人という結果であった。5人の生徒は，実際に異性と交際をしている生徒であり，その生徒に理由を聞くと，登場人物の真一や夏樹になりきって気持ちを表現したり，実際に自分だったら相手にこんなセリフを言ったりするということを発言する生徒もいた。

　また，中心発問において，どちらかの高校を選択した場合，その選択の理由を書かせたため，「高校を選択する前に，しっかりと夏樹と話をしてお互い納得して高校を選ぶ」という考えをもつ生徒もいた。そのため，どちらか一方という考え方ではなく，教材のような場面でどのような行動が望ましいか考える問題解決型の道徳授業も考えられ，多様な指導方法が試みられると実感した。以下に生徒の感想を示す。

・今日の授業はいろいろな意見を聞けて本当におもしろかったです。お互いの立場や考えていることもわかったし，自分の進路選択に活かしていきたいと思いました。自分は他の人に左右されずに進路選択をしていきます。
・話し合いを聞いていて（交際している相手との）約束を守るという人の理由もわかったのでよかったです。でも，自分は人に流されず，自分の意志で高校選択をしていきたいです。
・今日の授業は，みんなのホンネが出て楽しかったです。私もどちらの高校を選ぶか迷ったけど，それぞれの立場の意見を聞いて，やはり一番大切なことは自分の意志だと思いました。
・登場人物の2人みたいに人の気持ちに左右されるのは大変だと思いました。本当に好きならば，お互いに進学したいところに進学しても，交際を続けることは可能だと思います。

評価のポイント

※真一と夏樹の立場に立って，考えを記入しているか。（観察・ワークシート）
※自分の立場を明確にして，考えを記入しているか。（観察・ワークシート）
※教師の話を聞き，自分の進路選択の仕方について今後の生活に活かそうとしているか。（ワークシート）

（増田幸夫）

【参考文献】柳沼良太（2006）『問題解決型の道徳授業～プラグマティック・アプローチ～』明治図書
　　　　　「アイツの進路選択」『中学生の道徳3』あかつき

主として人との関わりに関すること
相互理解, 寛容
言葉の向こうに

ねらい

インターネット上の書き込みについての加奈子の気持ちと気づきを考えることを通して, 立場が変わると, 様々な意見や見方があることを知り, 相手の立場を尊重し寛容の心をもって認め合い, 謙虚に学んで行動しようとする道徳的態度を育てる。

教材の概要

主人公加奈子はヨーロッパのサッカー選手Aが大好きで, インターネットでファン仲間とともに応援できる喜びを感じていた。しかし, 悪口の書き込みに対して反論するうちに自分自身もひどい言葉を使って応酬し, 注意されてしまう。自分の気持ちが理解されない悔しさや悲しさと, 顔が見えないネット上の言葉のやりとりに, 難しさや恐ろしさを感じる加奈子だが, ふと, 相手のことや読み手のことを考えたときに, 大切なことに気づく。

準備するもの

・掲示物：インターネットでの様々なコミュニケーションの図, 場面絵, 発問, 補助質問のカード, 道徳的価値のカードと説明
・地域のサッカーチームファンの掲示板に書き込まれたコメントの新しいもの, メール文例, SNSコメント例など, インターネットのコミュニケーションの特徴に気づけるもの
・ワークシート（本書 p.128）

生徒にはぐくみたいこと

人と人とがつながるときに, 自分の考えや意見を人に伝えることは, 相互理解を深めるために欠かすことができない。自分なりの角度や視点から物事を見ることが多いが, 大切なのは, 相手の立場を尊重する心が, 人が生きる上でどのような価値をもつかを考えることである。

中学生は, 自分と相手の差異に気づき, 正しさとともにどう関わればいいかを考える時期でもある。他者の考えを理解し, 時に過ちを許し, 寛容の心をもとうとすることは, 不正を許すことでもなければ, 処世術でもない。ここでは, インターネット上のコミュニケーションを考えることを通して, そのマナーだけでなく, 相手を受け入れ, 忠告を受け止め, 謙虚に学ぶ姿勢をはぐくみたい。

板書例

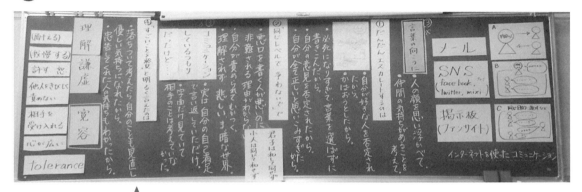

板書のポイント

・展開ではストーリー理解補助に場面絵を用いてもよい。発問は掲示物を用意しておく。答えは掲示物にせず，生徒の意見を書いていくことを基本とする。

・発問は教師がねらいに沿って進める授業の流れであるから，あらかじめ用意されていてよい。時間の節約にもなり，黒板のめりはりもつき，大事なことをうっかり抜かしてしまったりせずに，経験年数が浅い先生でも落ち着いて授業を進めていける。

・一方で，その答えが用意されていると，こういうことを言ってほしいんだなとか，先生が言ってほしいことのあてものだと思わせてしまう。生徒の意見，考えたこと，表現したことを感心して受け止め，言葉を活かして一人ひとり尊重して板書するのがよい。

個に応じた授業を意識するポイント

・導入では話の内容で引き込むか，ねらいとする道徳的価値で引き込むか考える。

・ここでは，知識の差もあると思われるので，インターネットでのコミュニケーションの違いを図示したものを掲示し，ファンサイトのような掲示板の特質（不特定多数が書き込んだり読んだりするということ）を理解しやすくし，興味をもたせる。

・終末では，発達や環境の特質を配慮する余韻をもってさらに生き方を考え続けられるような発信を考える。たとえば，道徳的価値のキーワードや，名言を提示するのもよい。

・「相互理解」「謙虚」などとともに，ここでは特に「寛容」という言葉の外国語 tolerance や元々の意味を知らせたり，孔子やヴォルテールの言葉を紹介したりする。「寛容」の概念は難しいが，哲学的な投げかけも考えられる。

学習指導案

	学習活動と主な発問	○指導上の留意点　◆評価
導入10分	1　クイズで，インターネット上のどういうところに書かれたものかを考え，書き手，読み手の特徴に気づく ★メールの場合 　特定の相手に書き，読むのは本人。 ★SNS（facebook,twitter,mixi など）の場合 　相手は特定の人との関わりで来る。 ★掲示板の場合 　不特定多数が書き込み，読む。	○インターネット上のコミュニケーションの特徴に気づかせる。（ワークシート1）
展開35分	2　教材「言葉の向こうに」を読んで，加奈子の心情を考える （1）必死で反論する加奈子の言葉がだんだんエスカレートするのはなぜでしょう。 ・好きな人の悪口を言われて腹が立つから。 ・反論してもまた反論されるから。 ・絶対負けたくないから。 （2）「中傷する人たちと同じレベルで争わないで。」という書き込みを見て，加奈子はどういう気持ちになったと思いますか。 ・ファンサイトに悪口を書く方が悪いのに，なんで自分が責められるのか。 （3）「突然真っ暗な世界に一人突き落とされたみたい」に感じたのはなぜでしょう。 ・自分の気持ちを理解してもらえないと思ったから。 （4）「あなたが書いた言葉の向こうにいる人々の顔を思い浮かべてみて。」と言われ，画面から目を離して考えたのはどんなことでしょうか。 ・相手も必死だったのかな……。 ・自分の書いた言葉を読んで，嫌な気持ちになった人がいるんだろうな……。 （5）「一番大事なことを忘れていた。コミュニケーションしているつもりだったけど。」の後に続く言葉を考えましょう。 ・自分の満足のためのけんかだった。 ・自分の想いをぶつけているだけだったかな。 （6）外の空気を吸って，「すごいこと発見しちゃった。」と明るい声で言えたのはなぜでしょう。 ・他人を尊重することに気づいたから。 ・母の顔を思い浮かべられたから。	○教師が音読する。 ○うれしさからの変化を押さえさせる。 ○主人公に共感させる。 （ワークシート2） ◆主人公に共感することができたか。（挙手・観察） ○他者の立場を考えさせる。 ◆相手の立場に立って考えることができたか。（ワークシート3） ○加奈子の何が変わったかを考える。（ワークシート5）
終末5分	3　Saying の孔子，ヴォルテールの言葉を読んで，どういうことを言いたいのか考える	○「寛容」「謙虚」という言葉の概念も紹介する。 ○今日の学びを振り返らせる。（ワークシート5）

授業での生徒の様子

　導入では，ガンバ大阪のファン掲示板のコメントを聞き，どこに書かれたものか考えるところからスタートした。サッカー部を中心に意欲的な発言で雰囲気が盛り上がり，話にすっと入ることができた。展開では，主人公加奈子の言葉がだんだんエスカレートしていくことは，好きな芸能人の悪口を言われたときのことなどを例に出すと，想像できていたようである。しかし，悪口を注意したつもりの自分が批判され，理解されない悲しみにも共感した発言も見られた。また，「言葉の向こうに……」は，「みんなの思うことがある。」，「わかってほしいことがある。」，「コミュニケーションしているつもりだったけれど……」は，「自分の感情だけを向こうが見えないから言いたい放題にぶつけているだけだった。」，「相手が感じることなどを考えられず，強い言葉になってしまっていた。」など，考えを広げたり深めたりすることができた。

　最後に加奈子が明るい声で言えたのは，「ずっとイライラしたり悲しんだりしていたけれど，自分自身が変わって優しくなれたことに気づいたから。」「落ち着いて自分のこと，相手のこと，自分を想ってくれる人の気持ちを考えられたから。」と，道徳的価値の変化を生徒の発言でとらえることができた。

　ワークシートでは，「普通にこの文章を読んだだけではこんなことは考えなかっただろうから，この授業を受けてよかったです。」，「私はLINEをやっていますが，きつい言い方になることがあるので，人の気持ちを考えながら楽しく話せたらいいなと思いました。」，「これからの生活で大切なことなんだなと思いました」等，総合的に生き方を振り返る生徒の様子が見られた。

評価のポイント

　道徳科においても「情報モラルと現代的な課題に関する指導」が求められる時代である。しかし，インターネット使用上のエチケットや具体的な危機回避の方法がわかったかどうかに主眼があるわけではない。つまり，情報モラルに関する題材を活かして考え話し合いながら，問題の根底にある相互理解，他者への思いやり，寛容，自分自身の謙虚な学びなどの道徳的価値に気づき，考えが深められたかどうかに留意することが道徳科である。「『一番大切なこと』とは何か」，「『すごいこと』とは何か？」と問うのもよいが，「『コミュニケーションしているつもりだったけど』の続き」や，「『すごいこと』を発見したと明るい声で言えた理由」を考えることは，より一層，自分のことを謙虚に見つめ直し，主人公の道徳的な変容をはっきりさせ，相互理解や寛容の本質に迫ることができる実感をもつ。教材でネット利用上の行動の決意が書かれていたとしても，主人公のものの見方やとらえ方に相手を理解し認めることや，忠告を素直に受け止め成長する気持ちが育っているかをとらえることが大切である。「寛容」についての孔子，ヴォルテールの言葉をどう受け止めて理解したかも，様々な発達段階の生徒にとって，新たな気づきや深い学びがあったかどうかについて評価したい。

(野本玲子)

主として集団や社会との関わりに関すること

遵法精神，公徳心

二通の手紙

ねらい

　身近にある規則やルールについてチェックすることを導入に，主人公「元さん」の行動の賛否に触れながら，よかれと思って取った行動が，思わぬ事態を招く可能性があることを知る中で，法やきまりの意義を理解し，社会の一員として，法やきまりを尊重していこうとする態度を育てる。

教材の概要

　市営動物園の閉園直後に来園した高校生を入場させようとした若い職員とそれを止めたベテラン職員……。その対応に不服そうな若い職員に，ベテラン職員は，以前入園係をしていた「元さん」の出来事を話し始める。規則を守ることと，情けや思いやりはどちらを取るべきなのか。その「元さん」に送られたのは，「感謝の気持ち」と「懲戒処分通告」の対照的な二通の手紙だった。

準備するもの

・『私たちの道徳』　・ワークシート（本書 pp.129-130）

生徒にはぐくみたいこと

　生徒は，生活の様々な場面で「友情」や「優しさ」，「思いやり」を勘違いしていることがある。例えば，「校則違反をして注意を受けた仲間をかばう」＝「自分も校則違反をしてもかばってもらえる」のようにである。もちろん，かばう側もかばわれる側も，校則違反がいけないことはわかっているはずだが，友情や思いやりの方が優先されてしまっているのである。

　本教材は，優しさと思いやりの気持ちを優先してしまった主人公「元さん」の行動から引き起こされた問題について「いかなる場合にも規則は守らなければならない」ということ，そのことが「社会や集団の秩序を守ることにつながっている」のだということを考え，議論させ理解できるようにしたい。そして，その規則やルールは，社会や集団だけでなく，それぞれの人の権利を守るためにあるということも知り，規則を尊重していこうという態度をはぐくみたい。

板書例

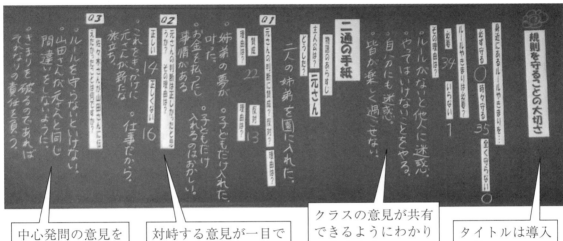

- 中心発問の意見を多く板書する
- 対峙する意見が一目でわかるように！
- クラスの意見が共有できるようにわかりやすくする
- タイトルは導入の後で！

板書のポイント

・事前に用意できるものは，プレートにして用意しておき，板書の時間短縮を図る。
・チェックシートの内容を簡単にクラスで共有できるように工夫する。
・本時は，導入の後に学習のめあての提示を行う。
・Q1とQ2の対峙する意見が一目でわかるようにし，自分の考えと照らし合わせやすくする。
・生徒から出された意見は，簡潔にまとめるようにし，中心発問に関する生徒の考えについて，なるべく多く板書ができるようにスペースの配分を考慮する。

授業のポイント

・日常生活の中で手早く行うことができる規則やルールに関するチェックシートを用意して，導入を図る。
・「私たちの道徳」に掲載されている教材から，本時は印刷して，前半部分と後半部分に分けて配る。
・前半では元さんの行動や母親から届いた手紙の内容をもとに，意見交流させる。（この意見交流をモラルディスカッションに置き換えることもできる。）
・後半では，二通目の手紙について知った上で，更に，元さんの行動についての賛否を考えさせる。
・Q3の中心発問「佐々木さんが山田さんに伝えたかったことは何ですか？」の前に，規則を守ることの意義について授業者が補足し，生徒から多様な考えを引き出す。

第2章　実践・道徳授業づくり　61

学習指導案

	学習活動と主な発問	○指導上の留意点　◆評価
導入 5分	1　ワークシートを使って身近にあるルールやきまりを確認する	○チェック形式の簡単なワークシートを用意しておき，身近にあるルールやきまりについて目を向けさせ，価値への方向づけを図る。
展開 35分	2　教材の確認① ○前半部分のあらすじの確認をする。 ・主人公はどうなったのか。 ・なぜか。	○前半の教材を配付し，授業者が範読する。 ○主人公の取った行動に注目して聞かせるようにする。
	元さんの判断に賛成ですか反対ですか？　その理由を添えて考えましょう。	
	○賛成と反対に分かれて意見交流する。 ○賛成・反対両グループから，それぞれの理由について発表し合う。	○賛成と反対を挙手により把握し，素早く分けて意見交流に入る。 ○ここでは両意見を取り上げるのみとし，後半の範読に繋げる。
	3　教材の確認② ・主人公はどうなったのか。 ・なぜか。	○後半の教材を配付し，生徒を指名して読ませる。
	元さんの判断は正しかったのでしょうか？　その理由を添えて考えましょう。	
	○是非とその理由についてワークシートに記入する。	○数名の生徒を指名して発表させる。
	佐々木さんが山田さんに伝えたかったことは何ですか？	
	○ワークシートに自分の考えを記入する。 ・どんな理由があっても規則は守らなければならない。 ・思いやりだけで行動すると取り返しがつかないこともある。	○社会における法やきまりを守ることの大切さに目が向けられるようにする。 ◆自分の言葉で理由を添えて考えをまとめることができたか。（ワークシート）
終末 10分	4　学習のまとめと振り返り ○法やきまりを守ることはなぜ大切なのか具体的に考える。	○法やきまりを守ることはどのように大切なのか具体的に示されるようにする。

授業での生徒の様子

(1)「きまりは必要？」生徒の実態をつかむ

　導入で使用したワークシートによるチェック（ワークシート p.129参照）では，さまざまな所属や集団で，8割程「ルール」や「きまり」が存在していたが，そのきまりを「必ず守っている」生徒はおらず，「時々守っている」生徒が大半だった。

　しかし，多くの生徒が「きまり」は必要だと考えており，なぜ必要なのかについても，きちんとした意見を出すことができていた。

(2)「元さんの行動に賛成！」多様な意見に触れさせる

　教材の前半部分を読み終えた時点での「賛成派」は，過半数を超え，規則遵守よりも思いやりや優しさの方が優先されていた。ただ，予想よりも「反対派」も多く，反対の理由も的を射ていたので，意見交流が活発に行われて多様な意見に触れることができた。

(3)「元さんの行動は正しかった？」判断した理由を大切にする

　教材の後半を読み進めてからの判断では，予想以上に元さんの判断が「正しかった」と判断する生徒が多かったが，かろうじて「間違っている」と判断した生徒の方が多かったので，こちらがきまりを守ることの意義について補足し，最終（中心）発問「佐々木さんが山田さんに伝えたかったことは何ですか？」につなげた。

(4)「きまりを守る！」判断した根拠を大切にする

　「きまりを破るということはそれなりの責任も負うということ」，「人を喜ばせてあげたり思いやりの気持ちをもったりすることは大切だが，その前にきまりを守ることを優先すべき」などの意見が出され，多くの生徒が元さんの生き方に共感している様子だった。

評価のポイント

　本時のテーマは，「遵法精神，公徳心」である。誰もが社会や所属する集団に法やルール・きまりがあることは理解しているし，それを守ることは大切だと考えている。しかし，その反面で自分の権利や利益だけを求めたり，よかれと思って起こした行動が社会や集団の秩序を乱してしまったりしていることも少なくない。

　本教材では，主人公の元さんに届いた対照的な二通の手紙から，元さんの行動の賛否を考えることを通じ，やはり，思いやりや優しさよりも，規則やルールがある以上，そちらを守ることが最優先であり，それが秩序と規律のある社会や集団の実現につながっていくことを理解できているかが評価のポイントとなる。生徒の発言やワークシートへの記述などから，「意義の理解」と「遵守の大切さ」について理解の深さを見取ることと，その後の学校生活でどのように活かされているのか，個々の態度や行動の変容を見取ることで評価としたい。

（安中美香）

主として集団や社会との関わりに関すること

公正, 公平, 社会正義

卒業文集最後の二行

ねらい

主人公のとるべき言動及びその言動が及ぼす影響や結果を考え，それらをグループ内で共有しながら比較し，主人公のよりよい言動を検討することを通して，不正やいじめを許さないという気持ちを強くもち，被害者に謝ったり他者のいじめを止めたりするなど，勇気をもって正しい言動をとろうとする意欲を高める。

教材の概要

主人公は，小学校時代に，他の男子とともに同級生の女の子に対して日常的に言葉によるいじめを繰り返していた。ある日，クラスで漢字のテストが行われた。主人公は隣のT子のテストをカンニングし，満点をとる。ところが，他の同級生は，98点を取ったT子に対して，「主人公の答案をカンニングした。」と言い掛かりをつけ，主人公も他の男子の尻馬に乗ってT子を口汚く罵る。T子は，泣きながら男子に抗議し，叫びながらその場から出て行く。主人公は謝りたい衝動に駆られるが，その度胸も勇気もなく，それどころか他の男子とともにT子を中傷し続ける。そして卒業式の日。帰宅した主人公は，T子が書いた卒業文集の最後の二行を読んで衝撃を受ける。主人公は，大人となった今現在でもT子をいじめたことを深く後悔しているのだった。

準備するもの

・ワークシート（本書 p.131）

生徒にはぐくみたいこと

「いじめはいけない」という道徳的価値は誰でも理解しており，授業者が「いじめはだめ，やめよう」と指導しても，その道徳的価値は深まりにくい。そこで，本授業では，教材中の登場人物の心情や状況を把握した上で，主人公のとるべき言動について具体的に考え，それらの考えをグループ内で比較，検討し，さらに，主人公のとるべき最善案を探っていく。このような活動を通して，自分にはない様々な見方や考え方に触れ，自分のもっている道徳的価値が揺さぶられたり更に深まったりすることをねらう。生徒たちには，まずは，人間には誰でも心の弱さがあること，そして，時には善悪の間で葛藤することもあるということを共感的に理解させたい。その上で，「やはり，いじめはいけないことだ」という自覚を深めたい。さらに，正義を重んじ，誰に対しても公平，公平にしようとする実践意欲と態度を高めたい。

板書例

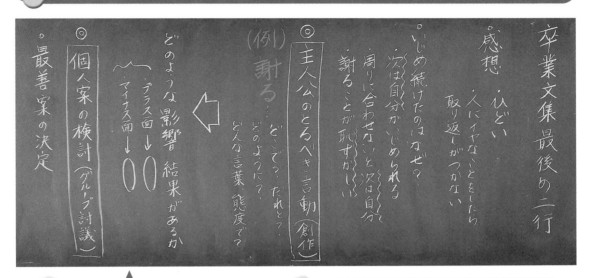

板書のポイント

- 一人ひとりの考えを大切にするため「個人案の創作」やグループ討議に十分な時間を確保する。そのため，板書は，タイトル，発問，生徒が考える視点，生徒の応答を書きとどめる程度とする。
- 「感想」では，T子の苦しみやせつなさを，「主人公がT子をいじめ続けたのはなぜ」では，主人公の心の葛藤や誰もがもつ心の弱さを生徒に発表させ，それらを簡潔にまとめて板書する。
- 「個人案の創作」では，例として，「謝る」を挙げるとともに，「どこで？ 誰と？ どのように？ どんな言葉，態度で？」を板書し，生徒がより具体的な状況や場面で考えられるように促す。さらに，「どのような影響，結果があるか」と板書し，主人公がとる言動の影響や結果を想像させていく。

「問題解決型授業」のポイント

- 教材中の関係者の利害や心情をふまえた上で，主人公のとるべき具体的言動を構想し，さらに，「個人案の創作」をグループ内で互いに検討し，最善策を決定していく。このような授業を「問題解決型授業」と呼ぶこととする。

〈個人案創作のポイント〉
　個人案は，その後の検討がしやすいように，マトリックス表を用いたワークシートに書き込ませる。「例えば，謝るといっても，いろいろな謝り方がある」と話し，さらに，「どこで？ 誰と？ どのように？ どんな言葉，態度で？」などの視点を与える。個人案は少なくとも二つ以上考えさせる。

〈グループ討議のポイント〉
　まず，「自分の考えを紹介しよう」とする。「ワークシートに書いた内容を読んでもよい」と伝え，誰もがグループ活動に参加できるようにする。次に，「お互いの個人案を比較，検討し，さらによい案を考えよう」と伝える。このように，話し合いの目的を「よりよい案を導く」ことにすることによって，話し合いそのものを活性化させる。

学習指導案

	学習活動と主な発問	○指導上の留意点　◆評価
導入5分	1　本時の学習内容やねらいに対しての意識づけ ○今日は，いじめについて考えます。教材は，昔，実際にいじめをしていた人が書いたものです。	○落ち着いた学習環境の中で話を始める。
展開35分	2　教材内容の把握 ○教師の範読を聴く。 3　いじめやＴ子に対する思いや考えの共有 　教材を読んで，どのような感想をもちましたか。 ○4～5人が感想を述べる。 4　主人公の心情に対する共感的理解 　主人公が，Ｔ子さんに対する言動を後悔しつつも，Ｔ子さんに謝らず，いじめ続けたのはなぜだろう。 ○ワークシートに記述する。 ○4～5人が発表する。 5　主人公のとるべき言動（個人案の創作） 　主人公のとるべき言動にはどのようなものがあっただろうか，具体的に考えなさい。さらに，それらの言動のプラス面とマイナス面を考えなさい。 ○ワークシートにまとめる。 6　個人案の検討（グループ討議） 　個人案を紹介し合い，互いの案のよい点や問題点を話し合いなさい。 ○4人グループになり，一人ひとりが自分の考えを発表する。 ○互いの案のよい点や問題を話し合う。 7　最善案の決定 　主人公がとるべき最善案を決定しなさい。 ○グループでよりよい案を導く。 ○個人の最善案をワークシートにまとめる。 ○3～4人が解決策を発表する。	○いじめられているＴ子の苦しみやせつなさを全員に感じ取らせる。 ○「いじめは理由に関わらず，決して許されないこと」を全員に訴える。 ○Ｔ子に対して謝りたいという主人公の気持ちを確認するとともに，主人公の言動は，誰にでも起こり得ることに気づかせる。 ○一人ひとりにじっくりと考えさせる。 ◆自分の考えをもつことができるか。（ワークシート） ○例として「謝る」を挙げる。単に「謝る」だけを書くのではなく，その言動の時間や場所，セリフなどを具体的に考えるよう指示する。 ○筆者がとる言動が，本人及び関係者にとってどのような影響（プラス面，マイナス面）や結果につながるかを考えさせる。 ◆互いの案のよい点や問題を話し合うことができたか。（観察・ワークシート） ・授業のねらいに迫る発言や記述内容を取り上げ，積極的に支持する。
終末10分	8　学習のまとめ ○考えたことや学んだことをワークシートにまとめる。	・静かな雰囲気の中でじっくりと振り返らせる。

授業での生徒の様子

（1）個人案（授業後のワークシートから）

言動（具体的に）	プラス面	マイナス面
M先生に，「最高点は僕じゃありません。T子さんです」と言い，カンニングした事実を話す。	真相が明らかになり，自分もT子さんもスッキリする。	周りの人に軽蔑されるかも知れない。
T子さんに「今まで本当にごめんなさい。本当は自分がカンニングしていました。今度から私がT子さんの味方をします」と謝る。	T子さんは安心する。	周りの人が自分をいじめてくるかも知れない。
一緒にいじめている人たちに「つまんないからやめようぜ」と言っていじめをやめさせ，誰もいないところでT子さんに謝る。	T子さんがいじめられなくなる。	違う人がいじめられる。
T子さんが悪童たちにいじめられているときに近寄って，「いじめるんじゃねえ」と言う。	T子さんと仲よくなる。今までしてきたことも謝ることができる。	悪童たちに，「お前もやっていただろう」と言われる。
全く話し掛けない。酷い言葉も言わない。	T子さんとしては，「イチノヘさん，どうした？」となる。	仲間には，「つまんねーな」とはぶかれるかも。

（2）最善案の決定（授業中の発言から）

「T子さんの家庭環境をちゃんと理解して，T子さんに気を遣いつつも，T子さんと適度な会話をする」，「T子さんが一人のとき，自分一人で『今までごめんなさい』と言う」，「卒業式の日に恥ずかしくてもしっかりと謝る」などが発表された。

（3）授業のまとめ（考えたこと，感じたこと）

「行動する前にしっかり考えて正の判断をしないといけないと思った」，「いじめは一生心に残る」，「他人に左右されないで自分の気持ちに正直になる」，「謝るときに謝らないと自分が後悔する」などが挙げられた。

評価のポイント

授業中の発言内容，グループ討議における生徒の会話の内容，ワークシートの記述内容から次の（1）～（4）を評価する。
（1）不正やいじめを許さないという気持ちが今までよりも強くなったか。
（2）誰もがもつ心の弱さや葛藤を共感的に理解したか。
（3）主人公のとるべき言動とその後の影響や結果を比較，検討し，主人公のとるべき言動をよりよいものに導こうとしたか。
（4）勇気を出して謝ったりいじめを止めたりしようとする意欲が高まったか。

（吉澤祐一）

主として集団や社会との関わりに関すること

社会参画，公共の精神

鳩が飛び立つ日

ねらい

　つらいこと，苦しいこと，悲しいことに出会っても，それを乗り越えて前向きに生きようとする主人公の生き方を通して，自分の心を元気にし，社会全体に目を向け，よりよい社会の実現に努めようとする道徳的意欲を育てる。

教材の概要

　明治の初め，日本の女子教育の充実に力を注いでいた筆子は，知的障害のある幼い二人の子どものことを同情されながらも，負けないで仕事に打ち込もうとしていた。病弱だった次女と夫の死後，娘たちが社会の片隅でひっそり生きることに心が晴れないでいたとき，石井亮一から知的障害児教育の夢を聞き，共感しともに歩む決心をする。学園の火災で園児を失い，深い悲しみと苦しみを味わうが，障害のある子どもたちのために再び立ち上がり，自らの選んだ道を進み続ける決意をする。

準備するもの

・掲示物：写真・場面絵，発問他
・ワークシート（本書 p.132）：できごとの整理＋心の元気さグラフ
・補助教材：鳩が飛び立つ場面の動画　・ALS（筋萎縮性側索硬化症）の人の想いを綴る動画

生徒にはぐくみたいこと

　つらいことを乗り越え，社会のために一生懸命努力した石井筆子。日本人として，偉人の実話を理解すること，また，人としてあるべき姿を考えさせることは可能であり意義のあることである。しかし，今の中学生とともに，この話から社会参画や公共の精神という道徳的価値を考えることをイメージさせる場合，ずっと主人公の心情を追って理解しても，時代背景とできごとの距離感があり，自分のこととしてとらえ実践意欲につなげるのは難しい生徒もいる。
　ここでは，この物語の心情理解で迫るだけでなく，「この教材で子どもたちと一緒に考えたい」と思える何かを補助教材として探したり，教材として練りあげたりして生徒の心を揺さぶる手立てを考える。筆子の心の元気さの変化をとらえ，本当に，強い人が弱い人を助けるのかということを考えさせるため，動画を活用し「自分のつらさを乗り越え，自分のできる精一杯のことをし，社会のためになる生き方をする決心をする」という本質に迫らせたい。

板書例

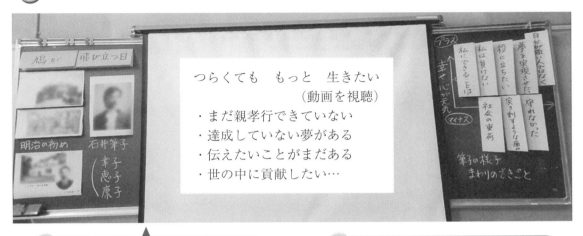

板書のポイント

・プロジェクターの動画を映し出すため，中央部にスクリーンを下ろした。この物語は小説的に書かれていて長いために，正確に読み取るのには読解力を必要とする。したがって，どの生徒も内容をつかみやすいように，構造的な板書にする。左側には，イメージを持ちやすい写真や場面絵も入れて時代背景等の理解を助ける。右側には，時系列にわかりやすく心の変化を整理する。ワークシートで，できごとをグラフとして利用するため，x軸のプラス方向に向けて，左から右に主人公の気持ちを掲示した。ここでは，物語の中で表現されている心の確認なので，あらかじめ用意した掲示物を用いて時間を短縮し，効果的に示すとよい。

動画を用いた授業づくりのポイント

・ただ涙を流して感動させればよい，生徒の興味をひければよいという選択や取り扱いにならないよう，さまざまな生徒が道徳的価値を効果的に学習するという目的を意識して組み立てる。

・後に，世の中の価値判断が変わってしまい学習者が混乱することのないよう，一時的な思いつきでなく，具備すべき要件をしっかり吟味する。

・動画を視聴する場合は，著作権や肖像権等も確認しておく。

学習指導案

	学習活動と主な発問　・予想される反応	○指導上の留意点　◆評価
導入 10分	1　鳩が飛び立つシーンの動画を見て，どういうイメージか考え，話を想像する 2　ALS患者のスライドで，障害について自分のこととして考えるきっかけをつくる	○かなり深く重い内容を扱うので，学習後の前向きの心のイメージをもたせたい。 ○NHKのHeartnetTV Breakthrough File02などを用いることができる。
展開 30分	3　主人公の3人の娘の名前（幸子・恵子・康子）を紹介しその名に込められた，親の愛情を考える （例）・幸せになってほしい。 　　　・いい友達に恵まれますように。 　　　・健康でありますように。 4　教材「鳩が飛び立つ日　―石井筆子―」を読み，主人公の心情と心の元気さを追う （1）筆子はどんなことを考えて，今まで育ててきた女学校を仲間に譲り，亮一の歩む道をともに進もうと決めたのだろう。 ・障害のある人が社会で生きられるようにする夢を実現させたい。 （2）娘の幸子が学園で書いた作品を見つめてどんなことを考えたのだろう。 ・強くなろう。学園の子どもたちを守り育てるのが自分の使命だ。 （3）火事の後，学園を廃止する決意をした亮一に黙ってうなずいた筆子の気持ちを考えよう。 ・守れなかった。亡くなった子どもたちを思いひっそり生きていこう。 （4）筆子はどう考えて学園を続けようと決意したのだろう。 ・自分が子どもたちに助けられていたから。私たちが社会の中にあの子たちの居場所をつくるから。 5　筆子の心の元気さをそれぞれのできごとから考えてグラフにし，人はどのようなときに心を元気にするのか考える 6　ALSの方の動画を見て，自分がつらくても生きようとどうして決めたのか，何をしようとしているのか考える	○自由に想起させる。 ○教師が範読する。 ○筆子が教員になった頃，講師の先生に言われた言葉と自分に問いかけたことを確認させる。 ○自分がやるべきことを考え，元気を出したことに気づかせる。 ○自分ができなかったことで，元気をなくしたことを感じさせる。 ○皆に支えられて，元気を出したことに気づかせる。 ○人間はつらいことがあっても，支えられたり自分がやるべきことを感じたときに元気になることに気づかせる。 ◆自分の言葉で表現することができたか。（挙手・観察）
終末 10分	7　あなたは，どんなかたちで「世の中のためになること」ができるだろうか ・鳩が飛び立つ日とはどういうことだろうか。	○本時の学びを振り返らせる。 ◆社会連帯，「自分が世の中のためになることをする」ということを考えることができたか。（ワークシート）

授業での生徒の様子

　石井筆子の物語では，娘の名前に込めた想いを予想した後，障害や病気で亡くなる事実を知ったり，頑張ろうと思ったところで学園の火災があったりと，生徒は主人公の人生のつらさをひしひしと感じていたようだった。

　展開後半で石井筆子の人生に起きたことと心の元気さを自分なりにグラフ化してみることで，「人生には悲しいことやつらいことも多いが，それでも気持ちを持ち直してがんばろうとしている。」，「困難が重なって心が折れそうなときに，人から助けられたり，自分でも必死で立って，強く生きようとしていた。」，「マイナスからプラスに上がるときは，自分の使命や世の中のことを考えている。」という気づきが見られた。

　また，ALS（筋萎縮性側索硬化症）について「身体が動かなくなっていき，気管切開をして人工的に呼吸をして生きる道を選ぶと，TLS（完全な閉じ込め状態）で聴覚と脳の心の部分は正常に動いているのに，まぶたも動かなくなり意思表示ができなくなる恐怖にも関わらず，ヒロさんが生きる決心をしたことを考えた。」等，繊細な問題も含むので，教師も十分な配慮を要する。生徒は「周りの人に助けられて今まで生きてきたのに，自分は恩を返せていない。役に立つことを何かしたい。」，「ヒロさんはつらくて苦しいけど，この後にALSになった患者のために，薬を試したり，今自分ができる限りのことをやろうと思ったから生きようと思ったのだと思います。」と，教材のもつ強烈なメッセージを受け止めていた。

　授業後のワークシートでは，「少しでも苦しんでいる人の役にたてるようになりたいけど，今の自分には募金やペットボトルのふたを集めることなどで力になれるかな。」，「どんな職についても世の中のためになることはできる。」，「自分が不得意なことを助けてもらいながら，人が不得意なことを助けてあげることが大切かもしれない。」，「弱い人が弱い人同士で助け合って，協力して，がんばって強くなる。」，「鳩が飛び立つ日って，一歩進めた日かな。」と，社会に貢献する生き方について，個に応じて考えを深めることができていた。

評価のポイント

　石井筆子の伝記からは，「つらいことがあったときに，人間の弱さも吐露しつつ，他者からのあたたかさや他者への思いやりを力に，心を元気にして生きる勇気を感じることができたのか」，あるいは，「強い人間だけが人を助けるものなのかということについて考えたか。ALSの方の動画からは，葛藤の末，自分が弱い立場になったときに，より声をあげて世の中のためにもっと生きたいと思えた理由が理解できたか。幸せな生き方を「個」の成長や満足だけでなく，「公」の視点に拡げることができたか等，様々な場面で多様な意見に触れさせ，道徳的変容を読み取りたい。また，授業の様子と道徳通信等で家庭にも知らせ，家族で話題にして考えを深めさせる機会にするのもよい。

(野本玲子)

主として集団や社会との関わりに関すること

15 勤労
働くということ「幸せな『平凡な生活』」

ねらい

　震災にまつわる話は，内容がまぎれもない事実であり，発信元が本人の生の声であるからこそ心に響き，そこから考え議論するという学びが生まれる。

　自己を犠牲にして職を遂行する行為が賞賛され過ぎないよう配慮しつつ，主人公の，職務に真摯に向かう姿勢とその心情に着目させることで，社会貢献への喜びが自分自身の充実感につながることを気づかせ，勤労の尊さや意義，奉仕の精神をもって公共の福祉に努めようという心情を育てる。

教材の概要

　1000年に一度の大震災と語られる東日本大震災。自然がもたらした災害に加え，原発の事故の影響で立ち入りを制限・禁止されている地域がある。

　警察官Tさん（50代男性）は，震災1ヶ月後に原発から10km圏内であるその地域での捜索活動を命じられて活動に参加することになる。避難指示が出され，事故以来，時が止まったかのような手つかずの現場で，自身が被災者であることも忘れて，被害が深刻な放射線量の高い地域での仕事へTさんを突き動かしたのは何だったのか。さらには，そこで発見することとなった親子と思われる遺体からしのばれる親の愛や，平凡な生活を送ることができることへのありがたさなど，多くのことを感じとれる内容である。

準備するもの

・震災後の街の様子の写真を拡大コピーしたもの　・文部科学省『私たちの道徳』
・記載シート（A5横サイズの用紙に「学習を通して思ったこと・考えたこと・今後に生かしたいこと」を書かせた。）

生徒にはぐくみたいこと

　自分の進路や職業について関心が高くなってくる中学生の時期に，勤労の尊さを重んじる生き方を知ることは大変重要である。

　Tさんの仕事に対する姿勢について考え，その心情を推察することを通して，社会への奉仕に伴う喜びが自らの充実感につながることがわかり，心から満足できる，生きがいのある人生を実現しようとする気持ちを培う時間としたい。

板書例

板書のポイント

・拡大写真を黒板上部に貼り，本時の価値を想起させるとともに，展開に移行するタイミングで多様な価値をあえて板書する。
・読後の生徒の表情を観察するため，発問1の反応は，生徒の声のみを板書する。補助発問や中心発問は，生徒が考える間をとる意図から，発問のキーワードのみを板書し，生徒の反応と区別するために四角で囲む。
・その後の生徒の反応は，生徒のつぶやきを拾いながら板書し，キーワードとなる言葉を黄色や赤で囲む。

発問と指名，間の取り方のポイント

　発問は，「（略）…命じられてどう思ったのでしょうね」のように，授業者自身が疑問に思っているといった表現で語り口調とし，指名までに十分な間をとる。また，指名した生徒には，思い，考えたままの言葉を受容するよう伝えておく。感動教材における指名は，表情を観察して行いたいからである。さらに，発言生徒に対しての授業者の立ち位置を，下の図のように対角にとるなどすると教室空間にスペースが生まれ，意見の共有化が図りやすい。

学習指導案

	学習活動と主な発問	○指導上の留意点　◆評価
気づく5分	1　震災時に，ボランティアとしてではなく働いていた人々を連想する ・水道局の人　・道路点検作業員　・役場の人 ・警察官　・自衛隊員　・看護師	○震災時の写真を黒板に貼っていく。 ○思いついたままを自由に発言させる。 ○「働くということ」と板書する。
深める35分	2　教材「幸せな『平凡な生活』」を読んで話し合う ○半径10km圏内での捜索を命じられて，Ｔさんはどう思ったのだと思いますか。 ・命令だからしかたがない。 ・行かなければならないと思っていたのでいよいよと思った。 ○派遣前日に心配で眠れなかったのに，派遣先に向かったのはなぜだと思いますか。 ・使命感があった。 ・助けたいっていう気持ちと，自分にとってその仕事が大切と思う心があったから，行くって決めた。 ◎高橋さんは，この捜索班に指名された経験をどのように思っていると思いますか。 ・つらかったけどいい経験だった。 ・普段の仕事とは違っていたけど，やりがいを感じた。	○教師が範読する。 ○仕事に対する真摯な姿勢や，責任感，使命感などに気づかせるために，不安な気持ちや行きたくなかったという気持ちはなかったのかとの反問等で揺さぶりをかける。 ○発問を言葉にする前に「それでも向かった」と板書し，十分に間をとってからあらためて発問を投げかける。 ◆自分の考えを級友に伝えることができたか。（挙手・観察） ○生徒の声の中から出てきた言葉を拾って板書する。 ○職業が単に賃金を得る手段だけではないことや，社会への奉仕に伴う喜びにより心から満足でき，生きがいのある人生を実現しようとする意欲につながることを自覚させる。 ◆多様な意見に触れて考えを深めることができたか。（観察）
高める10分	3　文部科学省『私たちの道徳』pp.172-178を読んで感想をもつ ○ページから，なるほどと思うものを選んで発表してください。 4　この時間で学んだことを書く ○今日の学習を通して考えたことや思ったこと，今後の自分に活かしたいことを書きましょう。	○自分を振り返ることから，自分のできること，自分にたりないことを自覚するとともに，公共の福祉のために尽くそうとする意欲を喚起させる。 ◆自分の考えをまとめることができたか。（ワークシート）

授業での生徒の様子

　導入では，自身の震災時の様子も交え口々に話すなど賑やかだった生徒だが，教材を範読し始めると，とたんに教材に引き込まれていった。

　範読後に「半径10km圏内での捜索を命じられて，Tさんはどう思ったのでしょうね。」と問いかけ，少し間をおいて1人を指名した。その生徒Kが間髪おかずに言った。「嬉しかった？」

　これが的外れと思ったのか，教室で笑いが起こる。しかし，「もっと詳しく教えてほしいな」と発言を促すと，「（捜索に行くように）命令されない人もいるから…，選ばれて，…嬉しかった」と，Kが考えながらもゆっくりと発表すると教室が静まり返る。空気が変わった。

　そこで，授業者が揺さぶりをかける。「なるほど。でも，"家族もいるし，被ばくしたら家族はどうなってしまうか考えていた"って書いてあるね。行きたくなかったっていう気持ちはなかったのかな。」すると，別の生徒が言った「…後悔する。たぶんだけど，行かないほうが後悔すると思う。」すると，この発言をきっかけに，次々とつぶやく声が聞かれた。

　「何て言うか……。使命感。」「責任。」「上手く言えないけど，（しばらく考えて）意義。仕事の意義っていうのかな。それを感じた。」「誇り。（人を）助けたいっていう気持ちと，自分にとってその仕事が大切と思う心があったから，行くって決めた。」等。このやりとりが，中心発問への反応とその後の記載へとつながっていった。

　生徒の感想に，勤労と奉仕をテーマに書いた意見はもちろんのこと，自身の普段の生活や社会的分業に目を向けていたり家族への感謝を素直に表現したりと，他の視点からの記述も数多く見られ大変興味深い1時間となった。

評価のポイント

　この時間のねらいは「勤労」である。「学習を通して思ったこと・考えたこと・今後に生かしたいこと」と印字した記載シートに記載を促し，記載内容より，次のA～Cの3段階を評価の目安とする。D，Eについては，累積して以後の評価教材とする。

A	働く喜び等の道徳的価値を理解し，今後の自分の生き方に活かしていきたい等の意欲や実践についての記載がある。
B	今後の自分の生き方についての記載には至らないものの，働く喜び等の道徳的価値に気づいている。（含：主人公の生き方についての感想のみ）
C	道徳的価値への記述がない。（「みんなの意見を聞けてよかった」等）
D	他の価値項目について，今後の生き方の指針にしたい等の記載が認められる。
E	他の価値項目についての大切さ等に気づいている。

（積田育子）

16 主として集団や社会との関わりに関すること
家族愛，家庭生活の充実
ごめんね，おばあちゃん

● ねらい

　父母や祖父母に対する畏敬の念を深め，家族に対する尊敬や感謝の気持ちを大切にし，充実した家族生活を築こうとする心情を育てる。家族への反発も多い思春期という多感な時期であるが，この時期だからこそ家族の大切さを深く味わわせたい。

● 教材の概要

　主人公の祖母は，主人公が幼いときより家事や育児など，父母が留守になる家を守ってきた。そんな祖母が耳が遠くなるなど，老化により身体が不自由になってきて，何かと失敗を繰り返すようになる。そのような祖母に対して，主人公やその妹は反発したり，「きたない」と言ったり，邪魔者扱いをするようになる。その祖母が骨折により入院し，突然家からいなくなってしまう。すると，学校から帰宅した際は，いつも必ずいるはずの祖母がいないため，主人公は寂しさを覚えるようになる。それと同時に，自分が幼いころに優しく愛情いっぱいに育ててくれた祖母の記憶がよみがえる。居ても立ってもいられず，祖母の好物を買って病院にお見舞いに行った際，弱って別人のようになった祖母が涙を流して喜ぶ姿を見て，主人公はそっと「おばあちゃん，ごめんね」と言う。

● 準備するもの

・ワークシート（本書 p.133）　　・家族（祖父母など）との思い出の物品

● 生徒にはぐくみたいこと

　主人公や妹が，体が不自由になった祖母が様々な失敗をすることに対して，反発したりする気持ちはやむを得ないことである。人は誰でもそのような気持ちを抱くものである。そのことを自覚した上で，それを乗り越えもっと深いところで繋がっている家族の愛情を理解し，それを深めていくことが大切である。

　中学生という思春期の時期において，生徒の中には少なからず親や祖父母，兄弟姉妹への反発はある。その気持ちを聞いた上で，やはり家族の愛情・支えがあって今の自分は存在するということを感じさせたい。家族への愛情，そして感謝というものをどのように考え，そして表現していったらいいのかについて考えさせたい。

板書例

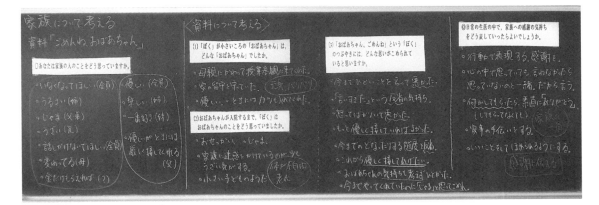

板書のポイント

- 教材について考える前後の，家族に対する自分の思いを対比できるように工夫する。
- 家族について肯定的な評価をしている生徒と，否定的な評価をしている生徒についてはっきりとわかるようにする。
- 「誰に対する思い」なのかがはっきりとわかるようにする。
- 1今の自分について考える場面，2教材について考える場面，3これからの自分について考える場面，をはっきりと区別する。
- 後半の黒板の記述スペースを十分に確保し，自分の家族について考えることの大切さを黒板使用スペースでも表現する。

授業のポイント

〈範読の仕方について〉

- 前段は明るく，家族に対するマイナスイメージな発言でも，自由に発言できる雰囲気でスタートする。教材の範読も最初は明るく軽い雰囲気であるが，徐々に深く考える重く真剣な雰囲気にもっていく。そのために，口調や話すスピードや声のトーン，目の真剣さも変えていく。

〈説話について〉

- 教師自身が「家族を大切にしている」ということを思い出の物品（写真，手作りのもの，一緒に購入したものなど）を出し，それをもとに生徒に語りかけるように伝える。

学習指導案

	学習活動と主な発問	○指導上の留意点　◆評価
導入5分	1　家族について考え，発表する ○家族の人のことをどう思っていますか。 　・いつも自分のことを考えてくれている。 　・いつも口うるさい。　・干渉されてうざい。 　・素直になれない。	○家族の中でも，親・祖父母・兄弟姉妹など限定することにより考えやすくする。 ○特に父母については，家庭環境を配慮する。
展開35分	2　教材「ごめんね，おばあちゃん」を読んで話し合う （1）「ぼく」が小さいころの「おばあちゃん」は，どんな「おばあちゃん」でしたか。 　・家の留守を守っていた。 　・母の代わりに家事もやる。 　・授業参観にも来てくれた。　・優しい。 （2）おばあちゃんが入院するまで，「ぼく」はおばあちゃんのことをどう思っていましたか。 　・おせっかい。　・じゃま。 　・小さな子どものようだ。 　・家族に迷惑をかけてたことを少しうざいと感じる。 （3）「おばあちゃん，ごめんね」という「ぼく」のつぶやきには，どんな気持ちがこめられていると思いますか。 　・自分の態度への反省と，もっと優しく接していればよかったという後悔。 　・これから優しく接したい。 　・元気なころの祖母を思い出し，切なくなった。	○「僕の家は両親が働いているので…」の部分などに着目させる。 ○「おせっかい」や「汚いからいやだ」などの気持ちは，自然な心の動きでもあるので，悪いことだと決めつけることがないようにさせる。 ○「ごめんね」は祖母に対するお詫びの気持ちであるが，今までの祖母の愛情に対する感謝やこれからの決意や様々な思いを考えさせる。 ◆自分の言葉で考えることができたか。（観察）
まとめ10分	3　自分の家族について考える （1）家族に対する「ごめんね」と「ありがとう」を思い出してみましょう。 　・大切に育ててくれてありがとう。 　・いつも自分のことを考えてくれてありがとう。 　・話を聞いてくれてありがとう。 （2）普段の生活の中で，家族への感謝の気持ちをどう表していったらよいか考えましょう。 　・恥ずかしがらずに言葉や行動で感謝を表す。 　・さらっとありがとうと言う。 　・家事を手伝う。 　・褒められるような行動をして安心してもらう。	○他人に知られたくないこともあるので，「ごめんね」は発表せず，「ありがとう」は言える人のみ配慮して発表する。 ◆自分の経験を想起しながら考えを深めることができたか。（発表・観察） ○自分がどれだけ家族に愛され，支えられてきたかを振り返り，感謝の気持ちを表す言動を考えさせたい。 ◆教師自身の思い出の物品を見せ，語りかけることにより，家族を大切にしていること，感謝の意を表すことの大切さを考えることができたか。（ワークシート）

授業での生徒の様子

　教材を読む前の家族に対する思いを聞くと，約8割の生徒が「うるさい」や「ほうっておいてほしい」，「親の気持ちもわからなくはないが，素直には受け入れられない」といったことを挙げていた。このようなマイナスイメージは，特に中学生という思春期に多いことである。

　教材から，「ぼくが小さい頃のおばあちゃん」と「入院する前のおばあちゃん」について読み取る場面では，対比的な課題であったため，短時間で，積極的に多くの意見を発表することができた。そのことにより，次の主たる発問である「『おばあちゃん，ごめんね』という『ぼく』のつぶやきには，どんな気持ちがこめられていると思いますか」に対して，深く考える時間を確保することができた。ここでは，「ぼく」のおばあちゃんに対する言動や気持ちの反省や後悔，今までおばあちゃんから「ぼく」に注がれた愛情や行動に対する感謝，これから優しく接していきたいなどの決意，おばあちゃんの衰えを目の当たりにした寂しさや切なさなどが，生徒それぞれの言葉で語られた。他の生徒の意見を聞きながら自分の思い出と重なり涙を流す生徒もいるなど，自分の家族のことを思いながら考える様子が見てとれた。

　最後に自分の家族について考える場面では，家族に対する「ごめんね」と「ありがとう」を考え，ワークシートに記入させた。前の発問で自分の家族について考えていたので，さらにそれを深めることができたようである。「生意気なことを言ってごめんね」，「イライラしていて八つ当たりしてごめんね」，「いつも家事をやってくれてありがとう」，「私を産んでここまで育ててくれてありがとう」などと，今までの自分を振り返りながら真剣に書いていた生徒が多かった。授業冒頭の「家族をどう思っているか」の板書を振り返り，恥ずかしいと言う生徒もいた。「日常の生活の中で，家族への感謝の気持ちをどう表していくか」については「行動や言葉で感謝の意を表す」や「心で思っていても，言わなかったら思っていないのと同じだから言葉にする」，「手伝いを感謝の気持ちをもってやる」，「素直にありがとうって言う」など，家族の一員としてどんな貢献ができるかについて考えることができ，生徒の家族に対する思いの変容が見られる授業となった。

評価のポイント

　教材について話し合う際，「おばあちゃん，ごめんね」という「ぼく」のつぶやきを考える場面で，自分の家族のことを思いながら考えることができたかを見てとりたい。そして，自分の家族について考える場面では，父母や祖父母に対する畏敬の念，家族に対する尊敬や感謝の気持ちが「ありがとう」のところに記入されているかを確認したい。この際，授業冒頭の家族に対する思いからの変容も併せて確認する。最後の「感謝の気持ちをどう表していくか」では，充実した家族生活を築いていくために，自分が家族の一員として何ができるかを考えているかをワークシートの記述から評価する。

(庭野六輔)

主として集団や社会との関わりに関すること
よりよい学校生活，集団生活の充実

昼休みのバスケットボール

ねらい

　人は必ず何らかの集団に所属している。そして，集団生活を向上させていくためには，一人ひとりが自らの役割と責任を果たすことが必要である。
　学校生活という限られた集団の中で，生徒は様々な関わり合いの中から，自己の役割や責任を果たすことの大切さを学んでいく。この教材を通して，「集団の中の一員」としての行動はどうあるべきか具体的なイメージをもち，自ら進んで集団生活を向上させようとする意欲をはぐくみたい。

教材の概要

　ある日，主人公の晃二は，給食の配膳台を片づける当番になっているのだが，給食が終わるやいなや教室を飛び出してしまい，バスケットの練習に励んでいた。バスケットボール部で県大会の入賞を目指してがんばっているからである。練習試合のとき，顧問の先生から仕事を人任せにして自分の役割を果たさなかったことを指摘され，「本当に大切なことがわかっていない」と試合に出してもらえず，器具庫の整頓を命じられる。今まで一生懸命に練習してきたのになぜ，と不満な晃二であったが，友達の貴弘と会話していく中で，口に出した自分の言葉をきっかけとして自分自身の行動の誤りに気づく。そして顧問のところに走り出していく。

準備するもの

・場面絵　・ワークシート（本書p.134）

生徒にはぐくみたいこと

　中学生の発達段階から考えれば，友達の大切さは理解しつつも，自分中心の行動に陥ることもある。しかし，将来社会の一員として生活していくためには，公共の福祉が大切にされ，必ずしも自分自身のことばかりが優先されないことも理解していく必要がある。主人公は部活動の試合に勝つために，休み時間を削って練習しようとした。しかし，そのことがクラスの友達に迷惑をかけ，自己の責任を果たさないこととなったことで，顧問から指導を受ける。学校では起こりがちのことだが，頭ではわかっていても，なかなか行動に結びつかないこともある。この授業を通して，改めて自分が所属している集団について考えさせながら，自分自身を振り返る機会としたい。そして，常に自分が誰かの支えによって生きていることや自分自身も誰かの支えになっていくことが大切であることを理解させたい。

板書例

昼休みのバスケットボール

[場面絵]

◎みんなでがんばって成功させたこと
・合唱コンクール ・体育祭のピラミッド
・部活の試合 ・ダンス

遊びに行く主人公
・バスケット部のガード（中心）
・1年生の体育館開放週間
『県大会入賞が目標』→昼休みも練習
※当番をやらない

○「どうして当番をしないで練習に行くのだろう」
・県大会前だから仕方ない
・練習しないと、1回戦で負けてしまうかも

[場面絵]

器具庫で片づけ
●「片づけをしながら、どんなことを考えていただろう」
○「みんなだってわかってほしい」
○「勝つためには仕方ないことだよ」
●「掃除なんかしたって……」
○「何でわかってくれないんだろう」

[場面絵]

目が覚めた主人公
●先生にどんなことを話しただろう
◇「当番をサボってしまってごめんなさい」
◇「今まで、自分のことしか考えていませんでした」
◇「仕事を代わってくれた仲間がいたから練習ができた」
◇「自分もチームの誰かのために何かをしたい」

板書のポイント

・教材のポイントとなる場面の絵を用意し、範読をしながら掲示していく。
・主人公への共感が得られるように、県大会が近いことや昼休みの自主練習であること、1年生の体育館開放日であることなどをキーワードとして示しておくとよい。
・最後に主人公が話すであろう言葉に求めるべき価値が表現される。価値の段階がわかるように、三つ程度の段階に分けて生徒たちの発言を整理するとよい。それがそのまま指導と評価の一体化へとつながり、授業実践についての振り返りにもなる。

活用上のポイント

〈主人公への共感する気持ちを大切にする〉
・主人公が自分の仕事もせず、昼休みに練習をしていたのは、県大会という大きな目標に向かって、とにかく勝ちたいという一心で精一杯努力しようとしていたからである。そのことを確実にとらえさせ、共感させたい。

〈自分を振り返った後の行動を考える〉
・友達との会話の中から、自分の行動を振り返りその誤りに気づいた主人公の行動、どのようなことを話すのか、具体的に考えさせることで求める価値へと結びつけていきたい。中学生の発達段階ではありがちなことだが、自分本位の行動から、周囲への配慮、集団の中の一員としての自分に考えを及ぼさせるように、学びを深めていきたい。

第2章 実践・道徳授業づくり

学習指導案

	学習活動と主な発問	○指導上の留意点　◆評価
導入5分	1　生徒たちの経験を語らせながら、教材に入っていく 「クラスや班，チームの一員として，何かをつくりあげたり，成功させたりしたことはありますか。」 ・クラスのみんなで協力して，合唱祭を成功させた。 ・チームで協力したから，大会で勝つことができた。 ・みんなで力を合わせて，ピラミッドを完成させた。	○ポジティブな経験を語らせる雰囲気をつくる。 ○学校生活を振り返らせることで，スムーズに教材に入らせる。
展開35分	2　「昼休みのバスケットボール」を読み，考える （1）晃二が当番の仕事をしないで，昼休みの練習に向かうのは，どうしてでしょう。 ・県大会が控えているのだから，それくらい仕方ない。 ・悪いとは思うけど，間近に迫った試合に備える方が大切。 ・練習しなければ1回戦で負けちゃうかもしれない。 （2）晃二は器具庫の片づけをしながら，どのようなことを考えたのでしょう。 ・部活の試合に勝つためにやったことなのに，なんで先生はわかってくれないんだろう。 ・掃除なんかしていても，試合には勝てないよ。 ・試合に勝つためには仕方のないことだったはずだし，みんなだってわかってくれればいいのに。 （3）自分の誤りに気づいた晃二は，山本先生にどのようなことを話したでしょう。 ・なぜ，貴弘は黙って手伝っていたのでしょうか。 （4）集団の一員として，自分には何ができるでしょうか。	○場面絵を提示しながら範読し，じっくり考えさせる。 ○主人公がチームのことを考えていることや，休み時間を削って自主的な練習をしていることを押さえ，共感させたい。 ○少し揺さぶりをかけつつ意見を出させ，次の発問へつなげたい。 ○板書でキーワードをまとめ，整理する。 ○主人公の気づきを，自分の言葉でしっかりと語らせたい。（価値の追求） ◆集団の中での自己の立場や責任，仲間の支えに気づくことができたか。（ワークシート・挙手） ○価値の一般化として考えさせる。 ◆自分との関わりで考えることができたか。（観察・ワークシート）
終末10分	3　教師の説話 ・「私たちの道徳」p.167を読んで考えさせてもよい。	○人間も，様々な人々や物事との関連，支えの中で生きていることに改めて気づかせたい。

授業での生徒の様子

　生徒たちにとって大変身近な話題であり，かなりスムーズに状況理解は進んでいた。授業者の予想以上に，主人公のとった行動に対して，「仕方ない部分もあるのでは」と共感する意見が多かった。学校生活の中で部活動は，生徒たちにとって大変重要な位置を占めている。クラスの一員としての立場とチームのためにがんばろうとすること，その狭間で悩み考えてくれた生徒が多かった。

（1）主人公の状況理解について
　多くの生徒たちは，主人公の状況にある程度理解を示していた。しかし，とった行動をそのままよしとはできないようであった。「仕方ないことだけど，一言ほしいよね」，「きちんと自分の状況を伝えて，わかってもらうことが大事だと思う」そんな意見も出ていた。また，「仕事は仕事なのだから，きちんとやらなければいけない」，「いくら事情があるとはいえ，人任せにするのはよくない」などの厳しめの意見も多かった。容認派と否定派それぞれに意見を交換し，考えることができた。

（2）主人公の心情理解について
　「なんで出してもらえないのか」と文句を言う主人公の気持ちを代弁する生徒と，「自分のしたことを棚に上げて，人のせいにしている」，「自分のことしか考えていない」等の意見が多く出た。仲間の支えがあったこと，代わりを務めてくれた友達からは何も言われていないことに，なかなか気づくことができなかった。そこで，「なぜ，貴弘は黙って手伝っていたのでしょうか」と問うことによって，「がんばってほしかったから」，「別にお礼は期待していないし」と，友達として自然に支えていることに気づく生徒も出てきた。

（3）生徒の学びについて
　「自分の役割を果たすこと」は，当たり前のこととして生徒たちは理解している。ただ，様々な人の支えによって自分が活かされていることや，誰かのために何かをしようとする行動が大切なことに改めて気づいたようである。集団の一員として自分に課せられた仕事をきちんとこなしていくことの必要性もさることながら，周囲の仲間はもちろんのこと，広く社会の中でも自分にできることをしていくことの大切さを考えられた生徒も多かった。

評価のポイント

　最も大切に評価したいことは，具体的にどのような気づきがあって，何を伝えようとしていたかということである。仲間の行動や言葉から自己を振り返り，主人公は（自分は）どうすべきだったのかを考えられることは，そのまま行動（道徳的実践）へとつながっていく。これからの生活につなげていく意味でも，自分の言葉で理由づけもしっかりとさせながら，できるだけ具体的に語らせたい。

（大舘昭彦）

18 伝統を受け継ぐ

主として集団や社会との関わりに関すること
よりよい学校生活，集団生活の充実

ねらい

　どの学校においても，学校独自の伝統が引き継がれている。これまでの本校の伝統を改めて見つめ直すことによって，伝統を受け継いできた先輩の方々の思いや願いを考えるとともに，自分たちの誇りとなる存在になる校風を樹立しようとする心情を育てることがねらいである。

教材の概要

　使用する教材は，『心のノート』の「この学校をもっとすてきにしたい」のコーナーをふまえ，普段から生徒が見慣れている学校の光景写真を活用する。本時で取り上げた本校での伝統の一つに，校門から校舎にかけての道では立ち止まって会釈するという姿がある。そのため，使用する写真は，校門から校舎に続く道の様子や，旧校舎を解体している写真，旧校舎を背景に撮影した全校生徒の集合写真を中心に活用した。特に，本校は旧校舎を解体して新校舎を隣接するという状況であったために，新校舎になっても残すべきものはないのか，という発問につなげたいと考え，旧校舎を解体している写真を活用している。なお，光景写真は各校の伝統や校風が異なるために，取り上げたい伝統や校風を想起させる場面や，これまでの卒業生が受け継いだ伝統や思いを感じさせる場面，在校生の自分たちが受け継がなくてはいけないと思わせる場面を中心に準備することが望ましい。

準備するもの

・『心のノート』　・ワークシート（本書 p.135）　・伝統や校風を想起させる写真

生徒にはぐくみたいこと

　それぞれの学校は，地域の人々の思いや願いに応えようと「地域の学校」として伝統を築き，今日まで「伝統のバトン」を受け継いでいる。本校も昭和22年に創立し，これまで様々な伝統が築かれてきたが，生徒の日常的な行為として受け継がれている一つに「立ち止まって，通り過ぎる車の運転手に会釈をする」という伝統がある。この授業を契機に，伝統に込められた卒業生を含む先輩の思いを通して，伝統を受け継ぐ意味を改めて考えさせたい。そこで，単に伝統を受け継ぐだけでなく，日常的な生徒会活動への取り組みや学級集団としての取り組みなどを通して，自分たちが受け継ぐ伝統を見極め，よりよい学校を築くための日常的な実践へつなげていこうとする思いをはぐくんでいきたい。

板書例

板書のポイント

・キーワード「学校が好き」を中心に据え，黒板右側に伝統が受け継がれてきた流れについて示し，伝統に込められた卒業生の思いを考えさせる板書にする。
・黒板左側には，よりよい学校にするために自分たちにもできることを考えさせるようにする。
・左右の板書を対比させることにより，自分たちの思いや行動によって，これまでの伝統をしっかりと受け継ぐだけでなく，さらによりよい伝統を築こうとするイメージをもたせるようにしたい。

授業のポイント

　受け継がれる伝統には，これまでの卒業生の功績や地域の人々の期待に応えようとする思いなど，自分たちの学校を愛し，さらによりよい学校にしようとする願いに支えられてきたことに気づくことができるようにする。

　また，伝統を受け継ぐことは，自分たちが誇りに思える学校や，自分たちが好きと思える学校をつくっていくことが原動力になっていることをふまえて考えさせたい。

学習指導案

	学習活動と主な発問	○指導上の留意点　◆評価
導入10分	1　『心のノート』の「学校が好き」という文字を見る 2　写真「旧校舎解体途中」を見て，残すべき伝統について話し合う ○旧校舎が取り壊された後も，私たちが残すべきものは何もないのか。	○自分の学校で好きなところや自慢できるところを考え，自分の学校の伝統に気づかせる。 ○写真「旧校舎解体途中」を見せることにより，旧校舎が取り壊されても残すべき校風や伝統があるのではないかという意識を高めることができるようにする。
展開30分	3　写真「校門から旧校舎へ続く道」を見て，車が通り抜ける際に「立ち止まって会釈をする」という本校の伝統について話し合う ○卒業生は，これまでどんな思いで会釈をしてきたのだろうか。 4　自分たちは伝統をどんな思いで受け継いだらよいかを話し合う ○私たちは，伝統をどのような気持ちで受け継いだらよいのだろうか。	○写真を見せることにより，車が通る際に立ち止まって会釈していた先輩の姿を想起させる。 ○ワークシートを使って，先輩たちの思いを考えることができるようにする。 ○会釈された運転手の気持ちを考えさせることにより，地域の人々も学校が好きになるきっかけになることに気づくことができるよう話し合わせる。 ◆自分の考えをもって話し合いに参加することができたか。（挙手・観察） ○単に車を見たら会釈をするのではなく，卒業生の思いを受け継ぐということが大切であるということに気づくことについて考えさせる。 ◆自分の考えを広げたり深めたりすることができたか。（ワークシート）
終末10分	5　写真「旧校舎を背景に撮影した全校生徒の集合写真」を見て，今後，自分たちがどのような伝統を受け継ぎ，どのような学校にしていきたいかを話し合う	○旧校舎の伝統を，在校生全員で受け継ぐという意識をもたせる。 ○自分たちの好きな学級や学校をつくることが新たな伝統を築くことにつながっていくという意識を高めさせたい。

授業での生徒の様子

　対象学年である1年生は，上級生の本校の伝統である「来校する車に向かって会釈する姿」を1学期しか目にしていない。その後，夏休み中に旧校舎から新校舎への引っ越しをし，2学期から通学路が変更になった。登校する際に校地内で車とすれ違う場面がほとんどなくなったため，会釈をする理由に「みんながやっているからやる」という意見や「先輩から言われたから」という意見が発表された。

　そこで，先輩たちの気持ちを話し合う中で，「先輩たちは伝統を守ろうとしたり，誇りに思ってやっていたりしたのではないか」という考えや，「あいさつされる運転手の方にも気持ちよく感じてほしい」という思いも出された。中には，「自分たちの学年から会釈をしないために，伝統を途切れさせるのはいやだから」という意見も出され，先輩たちが伝統を大切にし，引き継ごうとする思いに気づくことができた。

　次に，「私たちは，旧校舎とともに伝統をなくしてもよいのだろうか」という発問に対し，「なくしてもよいのではないか」，「なくさない方がよいのではないか」という対立する意見が出された。そこで，通学路で来校者の車にすれ違うことが少なくなっても伝統をなくさない方がよいという生徒の考えとして，「個人のできる範囲で行ってはどうか」，「運転手の方でなくとも，歩いている方にも元気にあいさつをする」，「相手の気持ちを考え，気持ちよい接し方を率先して行う」という意見が出された。また，新しい伝統を築いてはどうかという考えも出され，単に会釈するというのではなく，相手を思いやる気持ちを受け継ぐことが大切なのではないかという思いを尊重し，日常的な実践へつなげようとする姿が見られた。

　また，新しい伝統を築いてはどうかという意見から，自分たちが理想とする学級や学校を改めて考える機会となり，「笑顔がたくさんある学級にしたい」，「周りの人を考えて行動する学級にしたい」，「互いに支え合ったり協力し合ったりできる学級」などの意見が出された。後の文化祭では，学年のスローガンのキーワードを「団結」とし，全員で一つの目標に向かって取り組もうとする思いへつなげることができた。

評価のポイント

　まず，伝統には卒業生や先輩の方々のどんな思いが込められているかをとらえようとする点である。特に，会釈などの動作においては単に習慣としてとらえるのではなく，動作に込められた意義や思いに気づいている点を評価したい。

　次に，伝統は卒業生や先輩の思いだけでなく，自分たちの思いや願いによって築かれることに気づき，自分たちもよりよい学級や学校を考え，自分たちにできる意識に高まったかという点である。そのため，この機会に自分たちがめざす学級像や教育目標などに立ち返り，自分たちができることを考え直すことができるかどうかという点を評価したい。

（酒井康雄）

19 主として集団や社会との関わりに関すること
郷土の伝統と文化の尊重，郷土を愛する態度
娘のふるさと

● ねらい

教材に出てくる登場人物の心情に触れることにより，自分自身が住んでいる郷土を見つめ直し，郷土を愛する態度を育てる。

● 教材の概要

中学時代の健司は，修学旅行で行った東京にあこがれを抱いていた。生まれ故郷を離れ，東京に出ることが最大の目標となり，その実現を果たす。

結婚して二年目に，健司にも妻にも縁もゆかりもない東京の土地に家を建てた。そこで娘が生まれた。今日は，地域のお祭りの日。娘と一緒に会場へ向かう健司。テープレコーダーから流れるお囃子，にわか仕立ての縁日の屋台，故郷の夏祭りとは比べものにならない。しかし，娘はうれしくてしかたがないという様子である。健司は，「さみしい祭りだ」と感じるが，友達を見つけて無心に遊ぶ娘を見ていて，思いが揺れる。

● 準備するもの

・ワークシート（本書p.136）

● 生徒にはぐくみたいこと

今日，都市化や核家族化が進み，自分たちが住む郷土について先達から学ぶ機会も減少し，愛着や郷土意識が希薄になっている傾向がある。また，中学生の段階では，ほとんどの生徒が自分の故郷を離れるという経験がないため，今まさに生活している土地が故郷であるということを自覚しにくい状況でもある。しかし，自分が今の土地で生活できるのは，家族の支えの他に，そこで暮らす地域の人々の支えがあってのことである。そこで，本教材を通じて，郷土を離れて暮らし，郷土に思いを馳せながらも，現在の生活を大切にしていこうとする健司の心情を考えることにより，郷土に対し主体的に関わり貢献しようとする実践意欲を育てたい。

また，総合的な学習の時間において，地域の方に郷土の伝統文化や郷土に対する思いを講話してもらったり，郷土についての追究活動をしたりするなど，他の学習活動とも関連づけて，郷土のよさに気づかせていきたい。

板書例

板書のポイント

・導入では、生徒から出てきた意見で展開における登場人物の気持ちと重なる気持ちに線を引くなどする。
・展開部分では、東京に出てきたことに対する後悔の念や故郷を思う気持ちから、今の生活を大切にしていこうという決意に変わった様子がわかるように板書する。
・展開終盤における発問の板書は「健司に向けてメッセージ」という項目にして、新たな決意をした登場人物にエールをおくる形で板書する。

授業のポイント

・展開終盤の発問については、本来、郷土ではない土地で暮らす健司を励ます言葉がけや、健司にアドバイスを送る立場で考えさせる。その後、まとめにおいて、「今まさに慣れ親しんでいる土地で生活する人間として、改めて郷土をどのように考えるか、どのように過ごしていきたいのかを考えさせる。
・教師自身は、勤務校が存在する土地に慣れ親しみ、そこが故郷であるということは稀である。そこで、まとめにおける教師の説話では、勤務校のある地域をどのように思っているかなど、その地域の人とのつながり、自然、伝統文化などの魅力について話すという展開も考えられる。また、教師自身が自分の生まれ育った故郷にどのような思いがあるかを説話するなどの展開も考えられる。

学習指導案

場面	学習活動と主な発問	○指導上の留意点◆評価
導入10分	1　ふるさとに対するイメージを考える ○みなさんにとって「ふるさと」はどこか。また，なぜその場所を思い浮かべたのか。 ・自分が生まれたところ，住んでいるところ。 ・生まれたころからその土地で過ごしているから。 ・たくさんの出来事や思い出があるから。 ○もしも，その「ふるさと」を離れなければならないとしたら，どのような気持ちになるか。 ・友達と離れるので寂しい。 ・慣れないところに行くのが不安。 ・離れたくない。	○ふるさとに対するイメージを抱きにくいことが予想されるので，その土地を離れなければならなくなったことを想像させる。 ◆ふるさとのイメージについて，自分なりの考えをもっているか。（ワークシート）
展開30分	2　教材の朗読を聴き，主人公の健司の気持ちを考える ○「娘と一緒に祭りに行ってあげてね」と，妻に言われたときの健司の気持ちはどのようなものだったか。 ・娘と行くのはいいけど，自分が育った土地ではないからあまり行きたくない。 ○東京の学校に行きたいという妹に「やめられ」と言った健司の言葉は，健司のどのような気持ちから出たものか。 ・東京に出たことを後悔しているから，妹に同じ思いはさせたくない。 ○なぜ，健司は「ええ，行きましょう」と笑顔で応えたのか。 ・この土地を愛し，家族とともに生活していこうという決心をしている。 ・この土地や人が自分たちのことを迎え入れてくれているのだから前向きに生活しよう。 ◎今後，この土地で生活する健司に対し，あなたならどのような言葉をかけますか。 ・自分のふるさとがなくなったわけではないのだから，今の住まいでの生活も自分のふるさとも両方大切にできると思う。だから心配しなくてもいい。	○教材の内容を振り返りながら，特に，健司の心情がどのように変わっていったのかに着目させる。 ○ふるさとを離れたことによって，ふるさとへの思いが大きくなってきた健司の気持ちに着目させる。 ◆健司に自分の言葉で語りかけることができたか。（ワークシート）
まとめ10分	3　授業を振り返り，改めて自分にとって「ふるさと」とは何か考え，本時の授業の感想を書く	○授業のまとめと説話（体験談など）をする。 ◆教師の話を聞き，ふるさととは何かを考え，今後の生活に活かそうとしてるか。（ワークシート）

授業での生徒の様子

　導入における「みなさんにとっての『ふるさと』はどこか」という発問では，生まれたときから今の土地に住んでいる生徒にとっては，その土地を離れていないために，「ふるさと」というイメージがふくらまない様子だった。しかし，その後の「今住んでいる土地を離れなければならないとしたら，どのような気持ちになるか」という発問では，「思い出がたくさんあるので寂しい」という意見が出て，気づかないうちに自分が住んでいる地域に愛着を感じていることに気づかされたようである。

　まとめにおける教師の説話では，（筆者が県外出身者ということもあり）教師自身が自分の故郷に対する思いを話した。以下に生徒の感想を示す。

・今日の授業で，あらためて〇〇のよさ（〇〇は生徒の住んでいる地域名）がわかりました。いつもは何気なく過ごしているけど，もしも自分が〇〇を離れると考えると，少し寂しい気持ちになりました。将来，自分が〇〇を離れたとしても，健司のように新しい土地での生活を大切にしながら〇〇も大切にしていきたいです。
・私が登校する途中に，いつも犬の散歩をしているお年寄りに会います。毎日あいさつしているのですが，今日の授業を受けて改めてこの地域の優しさを感じました。これからも，そのお年寄りや地域の方に明るくあいさつをしたいと思いました。
・今は住んでいるところがふるさとだという実感はないけど，先生の話を聞いて，もしかしたら自分も進学とかでここを離れたときに登場人物（健司）や先生のような気持ちになるのかなと思いました。なので，今ここに住んでいる間に何か地域のためにできることがあれば積極的にしていきたいです。

　また，本実践を行った後，総合的な学習の時間において，「地域再発見」をテーマに，地域の自然・産業・伝統文化などを調べる追究活動を行った。追究活動後の感想では，「地域の自然や文化を守っていきたい」「地域の発展のために自分ができることをしていきたい」という実践意欲を述べる生徒が多かった。総合的な学習の時間や体験活動と関連させて，道徳の授業を行うことは大変有効だと考える。

評価のポイント

・「ふるさと」のイメージについて，自分なりの考えをもっているか。（ワークシート）
・健司の気持ちを考えながら，健司に声をかけるつもりで自分なりの考えやアドバイスを記入しているか。（ワークシート）
・教師の話を聞き，ふるさととは何かを考え，今後の生活に活かそうとしているか。（ワークシート）

（増田幸夫）

【参考文献】「妹のふるさと」『中学生の道徳1』あかつき

20 主として集団や社会との関わりに関すること
我が国の伝統と文化の尊重，国を愛する態度
命に響く「雅楽」東儀秀樹

● ねらい

　雅楽界の第一人者でありながら，あらゆるジャンルを超えてオリジナルの演奏活動をしている東儀秀樹さんの生き方を通して，日本人としての誇りをもち，優れた伝統文化を継承していくことの大切さに気づかせたい。また，音楽科の授業と連動させ，雅楽について学習しておくことで，教材の内容理解にスムーズに入っていけるように配慮する。本時では，実際に雅楽の音色に触れる機会をつくることで，日本の伝統音楽のよさや美しさを体感させ，後世に残していく新しい文化の創造までを考えさせたい。

● 教材の概要

　1400年の歴史をもつ雅楽の家柄に生まれた東儀秀樹さんであったが，自分に合った生き方を模索していた。雅楽はもちろん，ロックやジャズなど様々なジャンルの音楽を学んでいく中で，それまでには気づかなかった雅楽の魅力に気づき，邁進していく。伝統を受け継ぎ，雅楽の演奏を続けていくだけではなく，あらゆるジャンルの音楽と雅楽とを結びつけながら世に雅楽を広め，伝えていく決心をした真摯な姿が語られている。

● 準備するもの

・雅楽の管絃（オーケストレーション）の写真
・東儀秀樹さんの演奏映像「ふるさと」
・東儀秀樹さんの写真
・和楽器（箏・三味線等）

● 生徒にはぐくみたいこと

　中学生の時期になると，日本の国土や歴史に対する理解が深まり，伝統や文化により一層関心をもつようになる。生徒たちにとって，我が国の伝統音楽とは，まだ特別なものという認識があるようだが，音楽の授業を行う中では和楽器への関心が高く，郷土の文化に対しても関心をもつ生徒が多い。この教材を通して，生徒自身のもつ日本人としての感性に訴えかけ，幅広く日本の文化を受け入れ，そのよさや美しさを感じ取ることのできる力をはぐくみたい。また，日本人ならではの精神のたたずまいを音楽から感じ取らせ，千年以上前から脈々と受け継がれて現在に至っていることの価値に気づかせるとともに，時代の変化とともに発展していく雅楽の魅力を感じ取らせたい。そして，新しい文化の創造に取り組む姿を通して日本人としての自覚と責任をもって，国際社会に寄与しようとする態度につないでいきたい。

板書例

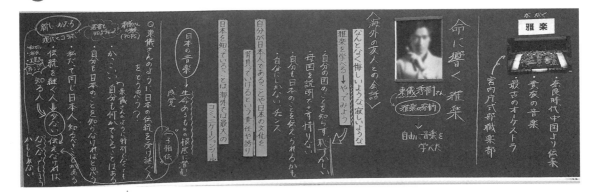

板書のポイント

・写真や教材を用いることで，雅楽という普段馴染みの少ない日本文化をわかりやすくとらえることができるようにする。
・フラッシュカードを提示することで，教材の読み取りを助ける板書の工夫をするとともに，主人公の心境を感じ取りやすくするために青とピンクの色紙を使用する。
・生徒たちの発言をできるだけ板書するように心がける。

音楽教材使用のポイント

〈視聴教材のポイント〉

・雅楽のBGMを効果的に使用することで雰囲気をつくる。
・東儀さんの「ふるさと」を最後に聴かせることで，篳篥(ひちりき)の魅力を感じさせるとともに，我が国の伝統や文化についての考えを深めさせる。

〈和楽器体験のポイント〉

・生徒に和楽器の紹介をするときには，素材についても触れる。そして，その素材がもつ命の要素を音として響かせており，自然の命をもらってできた楽器だということを伝える。

箏(そう)：桐・絹糸・象牙など
三味線：紅木・猫や犬の皮・絹糸など
和太鼓：ケヤキ・牛など
尺八：竹など

学習指導案

段階	学習活動と主な発問	○指導上の留意点　◆評価
関心をもつ 10分	1　事前アンケートの結果を紹介し，共有を図る ○あなたが思う，海外に自慢できる日本の伝統文化とは何だろう。	○アンケート結果を共有させ，本時の学習課題に対する意欲づけを図る。 ○アンケートの結果の紹介によって，身近な視点から日本の伝統や文化について気づかせたい。
考える 25分	2　雅楽について知る 3　教材を読んで考える （1）東儀さんが「せっかく雅楽という日本の音楽を学べるんだから，やってみよう」と思うようになったのは，どんな気持ちからだろう。 （2）東儀さんのいう「生命あるものの根底に潜む感覚に触れる音楽をはぐくんできた日本」をあなたはどう思うか。 （3）東儀さんのように，日本の伝統を受け継いでいく人々をどう思うか。	○BGMで雅楽「越天楽」を流し，音楽の授業での雅楽の既習内容に触れる。 ○主人公の心境の変化に気づかせるようにする。 ○できるだけ多くの発表を取り上げて，多面的・多角的に考えられるようにする。 ○実際に様々な和楽器に触れさせたり，音を聞かせたりすることで，和楽器ならではのよさや美しさを体感させる。（観察） ◆日本人としての誇りをもち，優れた文化を継承していくことの大切さに気づいたか。（観察・発表）
深める 10分	4　教材や音楽に触れたことを基に，自分の生き方を見つめる ○東儀さんの生き方や考え方から，どんなことを学んだか。	◆日本の伝統文化の価値を知り，日本人として，今後の自分をよりよいものにしようとしているか。（ワークシート・発表）
高める 5分	5　東儀秀樹さんの演奏を視聴する ○篳篥（ひちりき）の演奏「ふるさと」	○日本の伝統文化のよさを味わい，日本人としての自覚を高めさせながら，余韻をもって終える。

授業での生徒の様子

　事前アンケート『あなたが思う，海外に自慢できる日本の伝統文化とは何だろう』の結果では，「漫画」「アニメ」「歌舞伎」「礼儀やマナーのよさ」「四季折々の美しさ」など，日本文化に偏った解答が生徒から挙げられた。音楽の授業で学習したこともあり「雅楽」と答えた生徒も数名見られた。結果をランキング形式で紹介したところ，よい雰囲気づくりができた。

　今回の授業では，実際にいくつか和楽器を用意して授業を行った。学校の備品としてあった，箏（そう）・三味線・和太鼓を生徒に触れさせることで，大変意欲的な姿を見ることができた。その際に，日本ならではの「わび・さび」を感じさせるような独特な響きがあることや，楽器そのものの価値の高さを伝えることで，単に音を出して楽しむだけではなく，そっと太鼓の皮に触れてみたり，三味線に顔を近づけながら楽器の細部まで観察したりしている生徒も見られた。

　授業前半で日本の伝統音楽の価値に気づかせたうえで，授業後半では，それを継承していくことの大切さについて考えさせた。一子相伝の中で新しい生き方を見つけた東儀さんについて，ある生徒から「東儀さんのように，あまり形にこだわらないで，新しいものとコラボレーションしていけば若者も興味をもつと思う」という意見が出た。そこから話し合いが膨らみ，「伝統をつないでいくためには，まず自分たちが日本のことにもっと興味をもって知っていかなければ，いつかはなくなってしまうのではないか」という意見が交わされた。

　生徒たちからは次のような感想が寄せられた。
・雅楽っていい音楽だなと思った。
・東儀秀樹さんのふるさとにジーンときた。もっと色々な曲を聴いてみたい。
・日本には大切にしなければならない伝統文化があることを知った。
・海外に行ったことがないけれど，私も日本人として日本のことを堂々と言えるような人になりたい。
・東儀さんのように，小さなことでも，自分にも何かできることはないかと思った。

評価のポイント

　生徒たちの発言や感想の中から，以下の三つの点に重点を置いて評価としたい。
（1）日本の伝統と文化のよさついての理解を深めることができたか。
（2）日本の伝統と文化のよさについての理解を深め，継承しようとすることが大切であると理解することができたか。
（3）日本の伝統と文化のよさについての理解を深め，それを誇りに感じ，大切に守って発展させていこうとする意欲が生まれたか。

（青木美和子）

主として集団や社会との関わりに関すること

国際理解，国際貢献

オリンピックに向けて何ができますか？

ねらい

現代は国際化の時代である。これからは国際的な視野に立ち，柔軟にものごとを考えていく力が求められる。そこに必要不可欠なのは，自分自身が国際化社会に生きる一員であるという当事者意識である。「世界の平和と人類の幸福」という全人類共通の願いに対して，直接的な貢献はできなくても，理想を追究し，努力しようとする態度を育てていくことは大切である。そのため，国際社会を実感しながら，そこにいきる一員としての自覚をもって生きる態度を培いたい。

教材の概要

教材として，オリンピック憲章に書かれたオリンピックの精神について取り上げる。オリンピックの根本的な精神である「オリンピズム」は，平和でよりよい世界を実現させようとするものである。オリンピックの競技会は，そのようなオリンピズムが形となった一部分に過ぎない。競技会そのものの成功だけを目指すのではなく，競技会を行うことでオリンピズムの実現を図ることが大切になってくる。その意味で，オリンピックは競技者だけのものではない。オリンピックに関わることそのものが，オリンピズムの実現につながっていく。そのことを端的にとらえさせたい。なお，教材の作成に当たっては，日本オリンピック委員会のホームページ（http://www.joc.or.jp/）を参考にした。

準備するもの

・プロジェクター　・ワークシート（組み立てるとキューブになる。p.99写真参照）

生徒にはぐくみたいこと

「オリンピックに向けて何ができますか？」という中心発問のみで授業を構成する。子どもたちにとっては難しい課題だと思うが，協同的な学習の場を設定することで，具体的なイメージをもてるようにさせたい。また，自分の考えを立体（キューブ）に記入させることで，楽しみながらポジティブシンキングができるよう力をはぐくみたい。

板書例

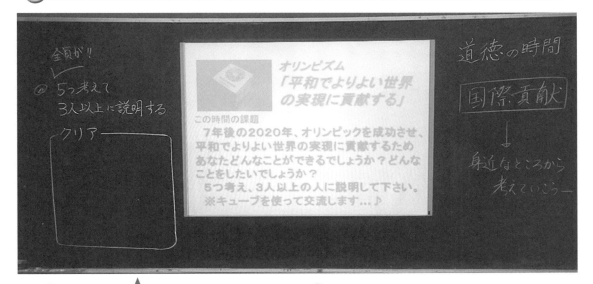

板書のポイント

- 授業は，プレゼンテーションソフトで作成した教材によって進める。よって，それを投影するスクリーンを黒板の中央に配置している。
- スクリーンの右側に，本時のねらいとなる言葉を簡潔に記しておく。これによって，生徒の話し合い等の方向性を明確にする。
- スクリーンの左側は，生徒の学習状況を可視化するためのスペースである。本時の課題が終わったら，生徒は自分のネームプレートを「クリア」と書かれた四角の中に貼っていく。これにより，終わった子のところに聞きに行ったり，終わらない子にアドバイスをするなど，生徒の中に自然な交流が生まれる。

主体的な活動を促すポイント

〈課題設定〉
- 発問は主発問一つのみである。それについて考えたことを「説明し合う」という課題を設定することで，生徒が目的意識をもって活動に取り組めるようにする。

〈教師の働きかけ〉
- 展開部分の活動は，そのほとんどを生徒に任せる。その間，教師は生徒の活動には直接的な介入をしない。
- その代わり「○○君の意見は面白いね」「もうこんなに書けたんだ」等，個々の活動の様子が全体にわかるように伝えていく。

〈ちょっとした遊び心〉
- ワークシートは，組み立てると立方体になる。コロコロ転がしながら交流すると話し合いが活性化するねらいがある。

学習指導案

	学習活動と主な発問	○指導上の留意点　◆評価
導入 10分	1　オリンピズムとオリンピック・ムーブメントについて知る	○授業全体を通して，プロジェクターによって教材となる画像や発問を投影しながら進める。 ○オリンピック・ムーブメントには誰もが参加できることを確認する。 ○「国際貢献」について，身近なところから考えさせる。
	2　課題をつかむ 「東京オリンピックの成功に向けて，何ができますか？何がしたいですか？5つ考え，3人以上に説明しましょう。」	○「全員が」今日の課題を達成することを目指していくことを強調する。
展開 30分	3　自分ができること，したいことを考える	○学習の進め方は生徒に任せていく。 ・1人で考えてもよいし，仲間と考えを出し合ってもよい。 ◆5つ考えを出すことができたか。（観察・ワークシート）
	4　自分の考えをワークシートに記入し，キューブを組み立てる	○5つ以上ある場合は，5つを選んで記入させる。 ○言葉遣いや，色などを工夫して記入させる。
	5　完成したキューブを見せ合いながら，意見交流をする	○「オリンピズム」とどう結びついていくかを意識させる。 ◆相手の考えについて肯定的にとらえることができたか。（観察） ◆自分との関わりで考えることができたか。（ワークシート）
終末 10分	6　授業の感想を書く	○後日，学級通信で共有する。

授業での生徒の様子

この日は研究授業ということで、多くの参観者がいる中でのスタートであったが、生徒はリラックスしている様子だった。

導入は、プレゼンテーション教材を用いて、教師が主導するかたちで進めた。オリンピックの東京招致が決定した瞬間の画像を示し、「何を喜んでいるの？」と聞くと、「あっ、知ってる！」という反応が返ってきた。ちょっとしたことだが、生徒の興味を引き出すのに有効であった。

オリンピズムとオリンピック・ムーブメントについて説明した後、「東京オリンピックが開催される2020年、君たちは成人式を迎えています。実際にオリンピックに関わる立場になっているかもしれませんね」と話すと、「うんうん」とうなずく生徒もいて、各自がいろいろなイメージを膨らませている様子だった。

主発問を提示した後は、生徒が思い思いに活動を始めた。一人で考えている子もいれば、グループになって話し合いながら書く子もいた。

雑然とした雰囲気はあるが、「オリンピックに向けて何ができるか？」ということを熱心に考えている様子が見て取れた。

「5つ考えて、3人以上に説明する」という課題設定だったが、キューブを組み立てるのに時間がかかったこともあり、クリアできた生徒は少なかった。時間的な配慮は、もう少し必要であった。しかし、できあがったキューブを転がしながら見せ合う様子は、とても楽しそうであった。この日の学びを、少しでもいいので自分の生き方に役立ててほしいと願っている。

評価のポイント

「平和でよりよい世界の実現に貢献する」というのがオリンピックの精神（オリンピズム）である。本時は、この精神をどれだけ意識しているかが大切である。「福島の復興に向けて努力したい」と書いた生徒がいた。彼は復興の先にどんな世界を思い描いているのだろうか。

生徒同士の対話の中で、「どんな世界にしたいか」という各自の思いが語られていた。そこを明らかにしながら、再度、自分のできることとして考えていく。世界貢献が遠い「絵空事」ではなく、自分でも実践可能なものとして意識できているかが評価のポイントとなる。

（原　徳兆）

22 主として生命や自然，崇高なものとの関わりに関すること
生命の尊さ
いのちをいただく

ねらい

「命」を一つの価値とみなし3回の全校道徳授業を実践した。1回目は「命の大切さ」を考えさせるために，「大切な人・ものを失う」気持ちを疑似体験させた授業（参考教材：「死の授業」新井満著），2回目は「私たちの命は，いろいろな命によって生かされている」ことを考えさせる授業（参考教材：「いのちをいただく」内田美智子著），3回目は，「生きることの意味，大切さ」を考えさせた授業（道徳教材：「たとえぼくに明日はなくとも」）を実践した。

ここで紹介するのは，2回目の授業実践である。生徒たちは，普段の生活の中で，「他の命」をいただいて生きていることを意識することはあまりない。「命は大切」だとわかっていても，自分の命が他の命によって支えられていることを深く考えることは極めて少ない。授業では，命を育ててきた人の思いに気づき，他の命をいただくことで「自分は生かされている」という事実を知り，「命」の有限性や連続性について考えようとする態度を養いたい。

教材の概要

ある日，食肉加工センターではたらく坂本さんのもとに，おじいちゃんと女の子が「みいちゃん」という一頭の牛を連れてくる。坂本さんは複雑な気持ちをもちながらも，「牛のみいちゃん」の命を奪う。おじいちゃんに悟されながら，女の子は泣きながら食卓につく。

準備するもの

・場面絵と発問カード　・BGM　「手紙」（上松美香）

生徒にはぐくみたいこと

3回の授業とも教師6人と，全校生徒67人の全校道徳の形式で取り組んだ。教師は授業を進める係，板書係，各班で生徒の様子を把握する係等に分かれ，生徒は異学年の少人数グループを作り話し合いを通していろいろな意見や考え方に触れ，さらに自分の考えを振り返る機会をもたせた。他の命によって「生かされている」ことを感じさせ考えさせるために，三つの基本発問を準備した。「牛を育ててきた人たちの気持ちを考えさせる」「牛を食肉に加工する人の存在に気づかせる」「泣きながら食卓につく女の子の気持ちを考えさせる」の三つの発問である。この発問を通して子どもたちに「食べることは命をいただくことであり，その命のありがたさに気づく心」をはぐくみたいと考えた。

板書例

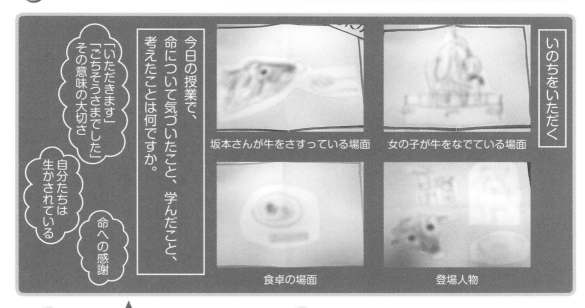

いのちをいただく

今日の授業で、命について気づいたこと、学んだこと、考えたことは何ですか。

「いただきます」「ごちそうさまでした」その意味の大切さ

自分たちは生かされている

命への感謝

坂本さんが牛をさすっている場面　女の子が牛をなでている場面

食卓の場面　登場人物

板書のポイント

・教材の範読は約10分。範読前に登場人物の絵を貼り、おおまかな紹介をしておくと、生徒はあらすじをつかみやすい。
・範読する教師も決めておくと、授業者は生徒の表情を把握できる。
・三つの基本発問ごとに適切な場面絵を掲示することで、絵本のどの場面について発問しているか、生徒は考えやすい。
・板書係の教師は、発問に対する生徒の答えの中からキーワードのみを板書していき、囲みをつけておくと見やすい。

授業のポイント

● 授業前の様子 ●

・全校道徳では、教師の役割分担が大切である。生徒に発問する教師（T1）、場面絵を掲示し生徒の答えを板書する教師（T2）、グループの話し合いでサポートする教師、教材の範読をする教師（T3）等、事前に決めておく。
・3回の授業を通して、生徒が自分の思いをワークシートに書く活動のときには、BGMを流し雰囲気を大切にした。

学習指導案

	学習活動と主な発問	○指導上の留意点　◆評価
導入 10分	1　絵本の紹介をする（T1） 2　教材の範読を聞く（T3） ○どんな場面が心に残りましたか。	○登場人物を紹介し，あらすじを把握させる。 ○生徒に気になる部分に線を引くよう伝える。
展開 30分	3　次の場面を考える 〈場面①〉女の子は「ごめんね，みいちゃん，ごめんねぇ」と言いながら一生懸命に牛の腹をさすっていました。 ○女の子はどんな気持ちで牛のお腹をさすっていましたか。 〈場面②〉坂本さんは，女の子がしていたように，腹をさすりながら「じっとしとけよ，じっとしとけよ」と言い聞かせます。 ○坂本さんはどんな気持ちで牛をなでましたか。 〈場面③〉女の子が泣きながら「みいちゃん，いただきます。おいしかぁ，おいしかぁ」ていうて食べました。 ◎どんな思いで，この女の子は，食卓についたのでしょうか。 ○今日の授業で，命について気づいたこと，学んだこと，考えたことはなんですか。	○発問と同時に場面絵を提示する。（T2） ○生徒には自由に想起させ発信させる。 ○学年を考えて意図的に指名する。（T1） ○生徒に書かせる時間を確保し，その後，意見交換させる。 ○各グループを担当する教師は発表させたい生徒の意見を把握し，T1に付箋で伝える。 ◆命について積極的に考えを聞き合うことができたか。（挙手・観察） ○3回の全校道徳授業を通して，同じ発問をすることで，命について考えさせる機会としたい。 ◆自分の考えを深めることができたか。（ワークシート）
まとめ 10分	4　教師の説話を聞く（T1） 「先日，坂本さんと話をしました。（中略）坂本さんは，牛を育てた人，関わった人の気持ちを考え，牛を大事にあつかい，今でも牛をなで続けています。私たちは生きていくために，多くの命をいただいています。私たちはどう生きるべきなのか，考えてほしいと思います。」	○授業づくりの段階で，坂本さんと直接電話して聞いた話を教師の言葉で生徒に伝え，生徒の心に余韻を残す。

授業での生徒の様子

範読後，感想を求めると，牛のみいちゃんの大きな目から涙がこぼれ落ちてくる場面，女の子が「みいちゃん，ごめんねぇ，ごめんねぇ」と言いながら牛のおなかをさすっている場面をあげる生徒が多かった。生徒が教材のどの場面に心をとめるのかを知ることは，授業をしていて楽しい瞬間である。

教師はその感想を受けとめながら，一つめの「牛を育ててきた人たちの気持ちを考えさせる」基本発問をした。生徒の答えには，「かわいがってきたのに，ごめんね」「一緒に育ってきたのに，ごめんね」という言葉があった。教師は「女の子は，牛を育ててきた人なんだね」とつなぎながら，二つめの「牛を食肉に加工する人の存在に気づかせる」発問をした。生徒からは，「殺したくないけど，ごめん，自分の仕事なんだ」という感想があった。「牛を殺すのが坂本さんの仕事」であることをおさえ，三つめ「泣きながら食卓につく女の子の気持ちを考えさせる」中心発問を投げかけた。感想には「牛のみいちゃんの命をもらって，自分は生かされている」「悲しいけれど，牛のみいちゃんのおかげで暮らせる。悲しいけれど，ありがとうという気持ち」「今までは何気なく食べていたけど，これからは命の大切さを意識し，感謝していただきたい」「命にかかわってきた人の気持ちも考えながらいただきたい」などの言葉がでてきた。書いた後に，各グループで意見交換，発表をした。

全校での道徳であるため，教師同士の共通理解，事前の打ち合わせがとても大切である。道徳推進教師が中心となり，教材の選定，授業案の検討，教具の作成，また班編成等の授業づくりをしてきた。「全校道徳」に向けてのスモールステップとして，隣のクラスとの合同道徳，異学年との合同道徳等を始めることで，具体的なイメージをもつことができる。また，異学年のグループ編成は，生徒の発達段階により意見の差異も感じることができる。下級生が上級生の意見に触れることで，一つ上の価値を理解し視野が広がる機会にもつながった。

評価のポイント

3回実践したどの授業でも「命」についてしっかり考えようとする態度を養うために，「命について，気づいたこと，学んだこと，考えたことは何ですか」と共通した振り返りの場面を設定し，3時間をひとまとまりとして考えを深められるようにした。

生徒からは次のような感想が見られた。

・命をいただいて自分たちは生きている。その命の分まで精一杯生きなくてはならない。
・命をいただくことは，重くて，悲しくて，大切なことだと感じた。ぼくは，これからも命を大切にしていきたい。
・他の命があるから，自分の命があることに改めて気づくことができた。

（中島誠太郎）

23 主として生命や自然，崇高なものとの関わりに関すること
自然愛護
土の色の不思議に魅せられて

ねらい

『私たちの道徳』を事前指導で活用し，生徒の考えに合った写真を紹介することで，自然の美に感動する豊かな心をもっていることに気づかせる。展開部分では，自分の考えをもつことができるように資料を三つに分け，多様な考えを交流させる討論を通し，「畏敬の念を抱き，自然界の一員として謙虚に生きていく」という筆者の思いに共感させることで，自然から学び，そして共に生きようとする道徳的実践力を育てる。

教材の概要

自然界にあるあらゆる美しさ。この美しさが私たち人間に感動を与え，生きていく上での原動力になっている。しかし，様々な表情を見せる空の美しさなどに心を奪われた経験はあるが，「足元にある土の美しさに心を奪われた経験」について，話題になることは少ない。土の色の多様性を見出していない現実に気づかせながら，土の収集を始めた者だけが知る土の色の多様性と美しさを紹介していくことで，自然との関わり方や人間としての生き方について再考することができる教材である。

準備するもの

・意思表示カード　・ミニ黒板　・大型テレビ　・写真（空，土）　・世界遺産の書籍
・ワークシート（本書 p.137）

生徒にはぐくみたいこと

「自然」と聞くと，生徒は自分たちの生活とは距離があり，大きすぎる存在としてとらえがちであるが，決してそうではない。例えば，毎日の登下校で，生徒は空の様子を気にかけているはずである。毎日の学校生活で，生徒は教室の草花の管理をしたり，花壇の美化を委員会活動で行ったりしているからである。また，美術の学習では「自然」の写生，国語の学習では「自然」を題材にした俳句や短歌作りなどが，「自然」との関わりとして挙げられる。そこで，本教材を通して，「自然」は人間の力を越えた大きすぎる存在ではなく，人間の力を越えてはいるが，自然環境の保全などを通して協力関係を保つ大きな存在であると気づかせたい。筆者の問いかけに対して自分の考えをもたせるために教材を三つの場面に分け，多くの価値観に触れることができる討論を通して，今後の実践できる「自然」との関わり方について考えられるようにしたい。

板書例

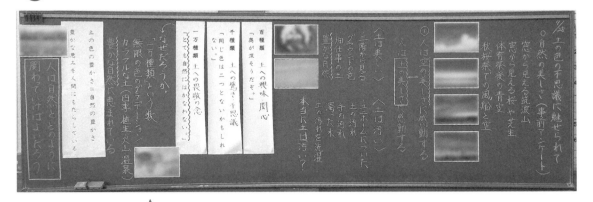

板書のポイント

・事前調査でわかった自然に感動した経験に関する写真を準備し，黒板と大型テレビで紹介できるようにする。
・二つの立場の人数を，ミニ黒板などに記録しておく。これにより，場面3の前に行う2回目の意思表示の人数と比較でき，変容を視覚化することができる。
・討論中の生徒の意見には共感し，簡単にまとめながら板書をしていくようにする。
・中心発問で問う自然への畏敬の念に迫るために，準備しておいた場面2における筆者の自然に対する思いを掲示し，筆者の考えの変化に気づくことができるようにする。
・これまでの自然との関わり方から見えてきた改善点だけでなく，道徳の時間で学んだ道徳的価値を日常の生活で実践できるようにまとめていく。

授業のポイント

〈教材の活用の工夫〉

・場面2の「本当に土は汚い？」という問いに対して，自分の考えをもたせるために教材を三つに分けた。自分の考えをもった討論を行えば，筆者の自然に対する思いに，より気づくことができると考えたからである。これにより，場面3の「自分の足元から。」という言葉が，より重みをもつ。三つの場面に分けることにより，生徒の思考力・表現力・道徳的判断力の育成が期待できる。

〈意思表示カードを活用した討論〉

・意思表示カードの表示は，生徒が自分の考えを示している証拠である。これにより討論では異なる考え方に触れ，自分の考えをより深められる。また，一人ひとりの学びの変容が見られ，言語活動の充実が図れると考える。

学習指導案

	学習活動と主な発問	○指導上の留意点　◆評価
導入5分	1　事前にp.115『私たちの道徳』に記入した内容をまとめ，自然の美しさに感動した経験を紹介する	○身近にある自然に感動する豊かな心をもっていることに気づかせて価値の方向づけを図り，展開の発問につなげていく。
展開35分	2　場面1（p.12ℓ.1〜p.12ℓ.8）を読み，一人ひとりがもつ「土」に対する考え方を明確にする 3　「土は美しい」と「土は汚い」という二つの立場から，どちらか一つを選択し，討論を開始する ・作物ができるから美しいのかな。 ・手が汚れるから汚い。 4　場面2（p.12ℓ.9〜p.15ℓ.6）を読み，筆者の自然に対する思いが変化していることに注目する ◎筆者は，なぜ「とても自然にはかなわない」と感じたのでしょう。 ・1万種を超えたから。 ・無数のグラデーションがあるから。 ・豊かな自然が土の美しさだから。	○一人ひとりがもつ「土」に対する考え方やイメージだけでなく，なぜそのように考えるのかという理由も書くように指示する。 ○意思表示カードを表示し，自分の立場を明確にするように指導する。 ○教師からの発問と生徒の受け答え，生徒同士の問いや受け答えを繰り返すことにより，討論が深まるようにする。 ○筆者の自然に対する思いの変化を知ることで，土の色の豊かさが土の色の美しさであることに気づかせる。 ○私たち人間に作ることができる数であるか問い，自然の不思議と驚きに気づかせることで，自然に対する畏敬の念につなげていく。 ○土の色の豊かさが豊かな自然となり，この豊かな土壌が私たちに豊かな恵みをもたらしていることを押さえる。 ◆自分の言葉で考えをまとめ発表することができたか。（挙手・観察）
終末10分	5　自分と自然との関わり方を見直すため，再度「土の美しさ」について問い直し，2回目の意思表示を行う。そして場面3（p.15ℓ.7〜p.15ℓ.12）を読み，自分の考えを深める 6　p.117『私たちの道徳』に考えを記入し，発表をする	○これまでの自然との関わり方について考えさせることで，自己の生き方へ目を向けさせる。 ○給食の食材に感謝の気持ちをもつ取り組みを思い出させ，豊かな自然に恵まれていることにも感謝の気持ちをもたせたい。 ◆自分の言葉で考えをまとめることができたか。（ワークシート） ○決意表明ではなく，自分が日常生活で実践できることについて書くように話す。 ○世界遺産の本を紹介し自然の偉大さを伝える。

授業での生徒の様子

　本時のテーマである「自然愛，畏敬の念」は生徒にとってかなり大きな存在であり，自然と自分との関わりについて短い時間の中で答えることは難しい。そこで，事前に時間を与えて一人ひとりの考えを提示させ，整理させておくことが必要となる。これによって，授業の導入部分での写真の紹介がより一層意味のあるものとなり，生徒の興味・関心をひくことができた。

　次に展開であるが，場面１にある筆者の「汚いと思われていることのほうが多い」という考え方を受け止めてから，一人ひとりの「土に対する考え方」をワークシートに書かせ，その理由についても書くように指示した。これは「本時のポイント」にも示した通り，生徒が筆者の考え方の変化を追うことだけではなく，自分の考えをもって授業に臨むことが「教材の活用の工夫」と「意思表示カードを活用した討論」の前提となっているからである。実際にワークシートに自分の考えと理由を書いたことで，討論の立場を決めたり，教師や生徒からの発問の受け答えをしたりする際，迷うことなく自分の考えを堂々と発表する生徒の姿があった。

　このような流れで授業を展開したことにより，終末部分の２回目の意思表示では，生徒の考え方の変容を見ることができた。１回目の意思表示で「土は美しい」と答えた生徒は３名であったが，２回目の意思表示では11名の生徒が「土は美しい」と答えた。これは，全体の約35％の生徒が「土は美しい」と答えたことになる。また，学習指導要領に示されている道徳の時間で学習した内容を日常の生活で実践していくための方法として，生徒一人ひとりが実践可能な目標を『私たちの道徳』に書く活動を行った。自分の考えをもち，立場を決めて討論に参加できたことで，「天気予報係として朝の空の様子も伝える」や「花壇の清掃を話さないで行う」などの具体的な目標が並び，生徒一人ひとりの主体的な学びにつながった。

評価のポイント

　評価のポイントは三つである。まずは，「教材の活用の工夫」と「意思表示カードを活用した討論」の前提となっている「自分の考えをもつこと」である。本時のテーマに迫る出発点となる「生徒一人ひとりの考え」を，ワークシートの記述と意思表示カードの表示で評価したい。次に，２回目の意思表示カードの表示による「考え方の変容」である。２回目の意思表示で「考え方の変容」があったり，考え方の変容がなくても「主観的な見方から客観性を重視した見方へ」などの道徳的価値の自覚を深めたりした場合，道徳的判断力の広がりとして評価できるからである。最後は「日常生活への実践意欲」である。道徳の時間で学習した内容を日常生活で実践する意欲につなぐことで，生徒の道徳的行為を道徳的習慣にまで高めていくことが求められている。その意味では，この生徒の成長の様子を継続的に把握し，指導に生かすように努めることを各教科や特別活動と連携して考えることこそ，「特別の教科　道徳」実践へのヒントになるといえる。

（谷島竜太郎）

24 火の島

主として生命や自然，崇高なものとの関わりに関すること
感動，畏敬の念

ねらい

ハワイのキラウエア火山についての写真や文章を通して，自然の偉大さや美しさに感動するとともに，人間と自然との関わりの中で，人間の力を超える大自然に対する畏敬の念を育むことができる。

教材の概要

大都会の巨大なビルなどの建造物や，昼夜を問わず供給され続けている電気，それらから人間のもつ科学技術力の大きさについての思いをもたせることができる。また，キラウエア火山の活動の様子をとらえた写真や文章からは，地球が今なお息づいているものとしてとらえることができる。地球（大地）の神秘さ，人間の力が及ばないものへのおそれや敬いを考えることができる教材である。

また，生徒の普段の生活と離れているが実話であり，キラウエア火山の活動を撮影した写真は，日本でも見ることができない空間的・時間的にも大きなスケールのため，生徒に驚きと感動を与えることができる教材である。

準備するもの

・都会の夜景の画像　・キラウエア火山の画像　・地球の画像　・ワークシート（本書 p.138）

生徒にはぐくみたいこと

都市化が進み科学が進歩している現在，社会全体の風潮として自然の力を軽視し，人間が万能であるかのようにとらえがちである。しかし，人間の力には限りがあるということを考えることは，心を謙虚にし，自然に対しての感謝や尊敬の心を育むことになる。人間と自然との共生という考えももたせながら，人間の力を超えた大自然に対する畏敬の念を深めさせたい。自然と人間の共生という考え方や環境の保全等の考え方についても，多面的な自然への関わり方について思考できている生徒には，理科や社会科等の関連教科とのつながりをもたせて多面的・多角的な角度から考えを深めさせていきたい。

また，東日本大震災のような巨大地震や巨大津波による自然災害は，自然の巨大な力によるものであることを再認識し，大災害時における防災に関する意識の高揚にも繋げさせたい。

板書例

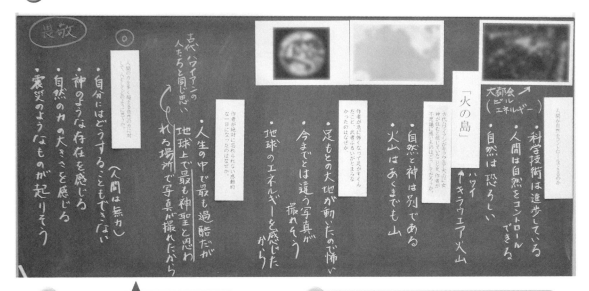

板書のポイント

・写真等も貼りつけ，視覚的にも自然の力の偉大さを感じ取れるように工夫する。都会の夜景の写真や，ハワイの位置がわかる地図なども準備すると効果的である。
・発問については，ワークシートにも記載するが，板書にも合わせて表記して，振り返りやすくしておく。
・中心発問を黒板の上部に貼り，他の発問と区別することで，本時の学習の振り返りがしやすい構造的な板書とする。
・中心発問に対しての生徒の考えを板書した上などに，「畏敬」という言葉を表記するなどして，「畏敬」という言葉について印象を深めさせたい。

授業のポイント

・提示教材は，カラーで可能な限り大きなものを準備する。
・理科や社会科などの学習内容との関連をもたせ，教材の内容の理解に役立たせる。
・人間の力に対しての過大評価，自然の力への過小評価という現状から，徐々に自然への畏敬へと繋げるよう，生徒の実態に合わせた支援を行う。
・作者が感じた感動や恐怖等が，古代ハワイアンがキラウエア火山に神の存在を感じていたことと近いという点に気づかせるよう工夫する。
・中学生であることをふまえて，畏れ敬うことを「畏敬」という言葉で表すことを中心発問の後に触れる。
・最後の教師の説話では，火山活動から自然全体に話を広げた考え方を生徒に感じてもらえるものにしたい。地域性や発達の段階に応じて内容を精選する。

第2章　実践・道徳授業づくり

学習指導案

	学習活動と主な発問	○指導上の留意点　◆評価
導入5分	1　日常生活を想起する （1）都会の夜景の画像を見て，人間と自然との関わりについて，自分の考えをもち，発表する。 ・科学技術は進歩している。 ・自然も人間の科学技術でコントロールできる。 ・自然は恐ろしい。	○都会の夜景の画像から，人間の科学技術によって，ビルディング等の建築物や，昼夜を問わず供給されている電気などについて確認できるよう促す。人間が自然をコントロールできるのかという視点から自分なりの考えをもたせ，発表させる。
展開35分	2　教材について考える （1）教材「火の島」の範読を聞く。 （2）ハワイ島やキラウエア火山について地図で位置関係を確認するとともに，理科の学習での火山活動についても想起させる。 （3）教材について話し合う。 ○古代ハワイアンがキラウエア火山に女神が住むと信じていたことを，作者が不思議に感じたのはどうしてだろうか。 ○作者が急に怖くなって足がすくんだこと，武者ぶるいがとまらなかったのはなぜか。 ○作者が絶対に忘れられない感動的な一日になったのはなぜか。 3　自然の偉大さについて考える ◎人間の力を多く超える自然の力に対して，人としてどのように思うか。 ・人間は無力（微力）だと思う。 ・自然の力は大きくてはかりしれない。 ・自然は怖い，恐ろしいものである。	○教材は教師が範読する。 ○世界地図や教材の地図により，ハワイの太平洋上での位置の確認や，理科の授業での日本の火山活動等の既習内容を想起させ，教材を読む際の予備知識とさせる。 ○教材の画像や地球の写真，教材の本文を用いて，生徒一人ひとりの考えを引き出すよう工夫する。 ○日本での八百万の神の考え方なども例示しながら，人の力が及ばないものに対する古代からの畏敬の念について共感させたい。 ○教材から離れ，自分自身の考えをもたせて自分の言葉でワークシートに記入させ，それらを発表させる。 ◆自分の言葉で考えることができたか。 （ワークシート・発表）
終末10分	4　教師の説話を聞く ・東日本大震災等の地震・津波等の自然災害との関連の話を聞き，自然の力の大きさを確認し，畏敬の念を深める。	○生徒の実態にあった教師の説話を聞かせることで，身近な自然災害等も人の力の及ばぬ壮大なものであることを理解させ，畏敬の念の深化に繋げる。

授業での生徒の様子

- 「絶対に忘れられない感動的な一日になった」私がこの文章を読んで，心に残った言葉である。私は，以前キラウエア火山も理科で習ったが，よくわからなかった。でも，写真を見て驚いた。流れ出た溶岩は海へ流れ落ち，冷え固まっていくのだ。また，私は驚きと同時に自然の素晴らしさに感動した。自然というのは，人間が想像している以上に人間のように生きているのである。そして，このような素晴らしい自然を未来に残していくためにも私たち人間は，「今」を見直すべきなのではないかと考える。
- 誰か一人でも，過酷な写真撮影などに取り組まなければ，後世に伝えていくことは難しいことなんだと改めて実感させられました。作者は，登山靴の底が地熱でボロボロになったりしても，命がけで必死に写真撮影に挑んでいったということは，かっこいいなぁ，すごいなぁと思いました。

　上記の生徒感想は，事前に教材のみを読んだあとのものである。これらの生徒の実態をもとにして，指導内容等を計画した。以下は，実際の授業の様子である。

　大都会の夜景の画像を見て，ビルなどの人工的な建造物や夜間でも多くの電気が供給され，消費されていることをあらためて確認していた。人工的な都会の風景にも違和感のない生徒には，人間が作り上げた自然にはないものであることや，自然な状態で夜このように明るくなっていることはあり得ないことを教師が強調することで，ようやく都会の夜景が自然のままでないことに気づいていった。

　中学校理科「大地の変化」での火山活動等に関する予備知識は多くもっているようであるが，日本でも「御嶽山」等の最近の火山被害があるものの，火山が生き物のように感じられる具体的な教材に触れることがなかったからか，新鮮に感じている生徒も多く見られた。

　古代ハワイアンが感じていた神の存在については，作者の考えと同じように，火山と女神とのストレートな結びつきには違和感を感じているようであった。しかし，あえて自分の考えの及ばぬところで，大地が動き出したり，またその動きを直接足で感じたり，一種の生命体のような溶岩の動きを命のある生き物や神のような存在を感じさせて考えさせたことにより，徐々に古代ハワイアンがもった畏敬の念に自分との関わりで共感していたようであった。

評価のポイント

　本時のねらいである，「人間の力を超える大自然に対する畏敬の念」をもつことができたかを，授業後の生徒のワークシートの感想等から明らかにし，評価につなげたい。

（阿部洋己）

主として生命や自然，崇高なものとの関わり関すること

よりよく生きる喜び

いつわりのバイオリン

ねらい

人間は誰もが心の弱さや醜さをもっている。そのため日常生活においては，様々な誘惑に負けたり，劣等感にさいなまれたりすることも多い。誘惑に負け，大きな過ちを犯した主人公が自らの行動を悔い，誠実な生き方を取り戻そうとする姿から，人間は自分の弱さを克服しようとする強さや気高さをもっていることに気づかせ，人間としてのよさを見出していく態度を育てる。

教材の概要

フランクは腕のよいバイオリン職人である。ある日，著名なバイオリニストが製作の依頼に来る。約束の日までに納得のいく作品を仕上げられるか，確証もないまま引き受けてしまったフランク。結局製作は間に合わず，彼は弟子のロビンが作ったバイオリンのラベルを自分のものに貼りかえ，依頼者に渡してしまう。演奏会は大成功で巨額の謝礼金を手に入れたフランクだったが，良心の呵責に苦しむ。そんなフランクを窮地から救うのは，工房を去ったかつての弟子，ロビンだった。

準備するもの

・ワークシート（本書 p.139）　　・登場人物の絵とカード（板書参照）

生徒にはぐくみたいこと

うそをついたり，ずるをしようとする醜い心は誰にでもある。普段はしごく誠実に生きている人が，思いもよらぬ過ちを犯すこともある。しかし同時に，それを悔い改めよりよく生きていこうとする気高い心も，多くの人間がもっているものである。

本教材を通して，自分の心の弱さや醜さに従って行動した結果，過ちを犯し苦悩する主人公の体験は，決して特別なものではないことに気づかせたい。さらにかつての弟子からの手紙をきっかけに人間としての誇りを取り戻す主人公の姿から，過ちを犯しても，そのことを心から悔い，自分の弱さを克服しようとするところに人間としての価値があることに気づかせたい。また，主人公の体験と似たような経験はなかったか，自分の生き方を振り返らせるとともに，自分に恥じない生き方とはどのようなものであるのかということについても考えさせたい。

板書例

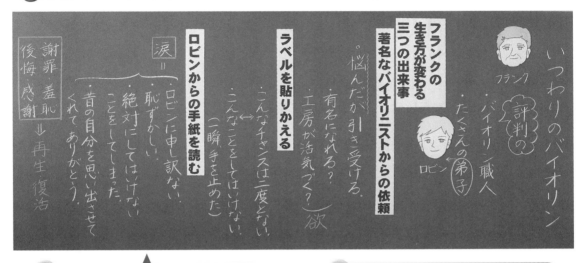

板書のポイント

- 導入でのバイオリンの話題を受けて教材名を書くが、「いつわりの」という言葉をあとに書くようにし、内容に関心をもたせる。
- 登場人物の顔の絵は必須ではないが、柔和な人物の顔を提示できると、誠実な人もこういった過ちを犯すのだということを示す補助教材になる。
- 教師が板書している時間は、道徳の授業の中では生徒にとって、いわば「空白の時間」となる。短い文でまとめ、生徒の思考が持続しているうちに書き終えられるようにする。
- 「涙を流したときのフランクの思い」を発表させると、同じような内容が出てくる。教師は一人ひとりの発表のよい点を本人および全体に伝えながらも、その場で類型化し、内容が重ならないように書いていく。

価値にせまるためのポイント

〈時間配分のポイント〉

- 中心発問（「手紙を読み終えたとき流したフランクの涙には、どのような意味があったのでしょう」）を話し合う時間と、その後の「手紙を書く」という活動の時間を十分に確保する。そのためにも、その前にある二つの基本発問については、価値につながる言動にポイントを絞り、短い言葉での発問・板書を心がけることで、時間をかけないようにする。

〈ワークシートのポイント〉

- より深く主人公の気持ちに迫らせることを意図して、最後に手紙を書かせるが、「主人公になりきってロビンへの手紙を書く」という活動に固定せず「自分から主人公へ」という選択肢も与えることで、なりきることが苦手な生徒への配慮とする。

学習指導案

	学習活動と主な発問	○指導上の留意点　◆評価
導入5分	1　バイオリンについての説明を聞く ・著名なバイオリン職人の作品になると，たいへん高価であることなどを説明する。 2　教材の題名を知る	○バイオリンやバイオリン職人についてある程度の知識を与えた上で，教材名の「いつわりの」という部分に興味をもたせる。
展開35分	3　教材を読み，登場人物の確認をした後，「フランクの生き方が変わる出来事」について話し合う ○仕事の依頼を悩みながらも引き受けたのは，フランクにどのような気持ちがあったからでしょう。 ・自分が有名になれるかもしれない。 ・工房も活気づくだろう。 ・感激し，名誉に感じた。→期待に応えたい。 ○ロビンのラベルを自分のラベルに貼りかえたときのフランクは，どのようなことを考えたのでしょう。 ・こんなことをしてはいけない。 ・バイオリンを渡せなかったら，演奏会が台なしになってしまう。 ・こんなチャンスは二度とこないだろう。 ○手紙を読み終えたとき流したフランクの涙には，どのような意味があったのでしょう。 ・自分はなぜあんなことをしてしまったのだろう。 ・ロビンに申し訳ない。 ・こんな私をまだ師匠と認めてくれるなんて。 ・もう一度，やり直したい→後悔，羞恥，感謝，謝罪，再起など。 4　話し合ったことを踏まえ登場人物へ手紙を書く ・フランクになりきってロビンへ。 ・自分からフランクへ。	○名誉欲や物欲などがうかがえる言葉が書かれていて，生徒たちはこちらにばかり注目しがちである。しかし，純粋な感激や責任感もあったことにも触れる。 ○「一瞬，手を止めた」というフランクの行動に注目させ，フランクの中に葛藤があったことを押さえる。 ◆自分の考えを深めるために積極的に意見を述べ合うことができたか。（観察・挙手） ○初めはフランクのセリフの形で書かせ，その後まとめていく。 ○弟子の思いやりある言葉に対する感謝や謝罪の念，自分のしたことへの後悔だけでなく，職人としての誇りある生き方を取り戻そうとする思いにも気づかせる。 ◆自分の考えをもとに書くことができたか。（ワークシート）
まとめ10分	5　教師の説話を聞き，授業の感想を書く	○弱い心，醜い心は誰にでもあることや，それを克服して生きることの大切さを確認する。

授業での生徒の様子

(1) 教材について

教材を提示すると，何人もの生徒が「長い」と声を上げていたが，読み始めると内容に引き込まれていく様子が見てとれた。これはこの教材に描かれているのが，誰もが経験のある「ずる」や「ごまかし」，それによる良心の呵責や自己嫌悪，そしてその克服であるからだろう。平生は特別ずるい人間でもない登場人物が「してはいけないことをしてしまった」という点に注目して，国語の教科書の「少年の日の思い出」を想起する生徒もいた。

(2) 登場人物への手紙について

主人公の気持ちに迫る手立てとして，登場人物へ手紙を書かせた。一例を以下に示す。

> ロビンへ　　ロビン，すまなかった。君が作ったすばらしいバイオリンを自分のもののようにバイオリニストに売ってしまった。こんなことをするなんて，師匠としても職人としても失格だよ。本当にすまなかった。許してくれ。
> 　君の手紙が来た時は，とてもこわかったがうれしかったよ。君の手紙のおかげで僕は再生することができた。本当にありがとう。　　　　　　　　　　　　　フランクより

(3) 授業の感想から

「自分の犯した罪を正直に伝えることは大切なことだということがわかった」，「欲に負けて取り返しのつかないことをすると，かけがえのないものまで失ってしまうことが，身に染みてわかった」など，フランクの葛藤や良心の呵責に苦しむ姿に注目したものが多かった。「ロビンのおかげでフランクが職人としての誇りを取り戻すことができてよかった」「フランクのしたことは悪いことだけれど，フランクは本当は自分に厳しい人だと思う。私も自分に厳しい人になりたい」といった「弱さを克服することの素晴らしさに気づく」あるいは「自分自身のこととしてとらえる」ことができたのは少数だった。

評価のポイント

弟子からの手紙をきっかけに人間としての誇りを取り戻す主人公の姿から，過ちを犯しても，そのことを心から悔い，自分の弱さを克服しようとするところに人間としての価値があることに気づけたか，というのが一つ目の評価のポイントになる。単に「悪いことをしてはいけない」というのではなく，そもそも人間は，自分の弱い心に負けて罪を犯すことがあるが，いかにそれを改め，誇りある生き方に近づいていくかということに目を向けられるようにすることが大切である。さらに，それは教材の中の人物の話と片づけるのではなく，自分自身はどうなのかといったところまで考えられるようにしなければならない。生徒の書いた手紙や授業の感想から，こういった点を分析し，評価とする。

(緑川道子)

1 町内会デビュー①宿題

中学校に入学してからの自分自身を振り返ろう

　　　　　　　　　　年　　　組　　　番　名前
　　　　　　　　　―――――――――――――――――――――

1　中学に入学してから自分自身で決めて実行したことを挙げてみましょう。
　＊例：家庭学習は毎日必ず1時間以上すると決め，欠かさずに行っている。

①

②

③

2　中学に入学してからお家の方（親や兄弟），他の人，先輩，学校の先生などから決められて，行動したり実行したりしたことがあったら挙げてみましょう。
　＊母親から，毎日の「風呂そうじ」をするように頼まれたので行っている。

①

②

③

3　自分で決めて実行したことと，他の人から言われて実行していることを比べて，何か気持ちの違いがあるでしょうか。

1　町内会デビュー②授業

町内会デビュー

年　　　組　　　番　名前

1　最初の明の気持ちについて考えてみましょう。

2　明の気持ちはどこで変化したでしょうか。なぜ変化したのでしょうか。

3　いつもの母のカレーがちょっと甘いと感じたのはどうしてでしょうか。

4　今日のまとめと振り返りをしましょう。

今日のまとめ：

振り返り（感想など）：

＊質問内容については，その都度生徒に記入させるようにし，最初から示さない。タイトルも同様。

2 私の反抗期①授業の流れ

私の反抗期①

年　　　組　　　番　名前

ステップ1　教材を読んで思ったこと，考えたことは何でしょうか。

ステップ2　グループワーク
　　　　　三つの立場に立って考え「友達の意見」を聴いてみましょう。

ステップ3　クラス全体
　　　　　気持ちの柱を通して「みんなの思い」を聴いてみましょう。

ステップ4　ステップ2ステップ3を行ってステップ1の思いはどうなりましたか。

ステップ5　未来の自分へ　こんなときどうしますか。

2　私の反抗期②グループワーク・クラス全体

私の反抗期②

年　　　組　　　番　名前

ステップ２　グループワーク「友達の意見」を聴いてみましょう。

自分の考え		
さん		
さん		
さん		

ステップ３　クラス全体「みんなの思い」を聴いてみましょう。
　　　　　　（下の空欄に友達の意見をメモしましょう。）

3　何でもほしいものが手に入るとしたら

何でもほしいものが手に入るとしたら

年　　　組　　　番　名前　　　　　　　　　　　　　

1　あなたが今ほしいものは何ですか。自由に書いてみましょう。

2　次のものが買えるオークションがあるとします。あなたの所持金は1億円です。今のあなたなら，何をいくらで買いますか。

1	美しい文字	2	何かを信じる心	3	スポーツ万能な能力
4	すばらしい計算力	5	すてきな恋人	6	上手に発言・発表できる力
7	他人を助けられる力	8	美しいまたはかっこいい顔	9	素直できれいな心
10	健康	11	お金	12	勉強を好きな気持ち
13	リーダーシップ	14	音楽の才能	15	世界平和
16	たくさんの友人	17	総理大臣	18	自分の望む体型
19	一人暮らしの家	20	安心できる未来	21	安定した未来
22	テストで点数が取れる能力	23	自由な時間	24	語学力
25	人を意のままに操る力	26	一生遊んで暮らせるお金	27	素直さ
28	驚異的な視力	29	タイムマシン	30	兄・姉・弟・妹のどれか
31	みんなが驚くくだらない特技	32	不老不死	33	透明人間になる能力
34	どんな人にも会える能力	35	時間を操る力	36	努力し続ける心
37	勇気	38	洋服のセンス	39	何でもこなせる手先の器用さ
40	文章をうまく書く能力				

〈購入予算書〉

番号	買いたいもの	金額

〈予算の根拠〉

3　今日の授業で考えたこと，感じたことを文章にしてみましょう。

4 九番バッター

九番バッター

年　　組　　番　名前

1　感想を書きましょう。

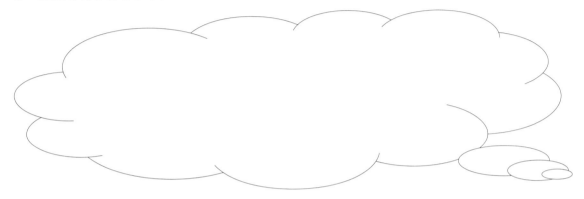

2　メモ欄

3　今日の授業で,「感じたこと,気づいたこと,考えさせられたこと」を書きましょう。

5　風に立つライオン

風に立つライオン

年　　　組　　　番　名前
_____

1　「僕」が、「辛くないと言えば嘘になるけど　しあわせ」だと感じているのはなぜでしょうか。

2　もし、主人公がアフリカに行くことをあきらめて、日本で働いていたとしたら、どんな気分でいたでしょうか。

3　「風に向かって立つライオン」というたとえから、「僕」はどんな生き方をしたいと考えているのでしょうか。
①自分の考え

②友達の考え

4　この歌詞を読んで、あなたは夢を実現するために、どんな生き方がしたいと思いましたか。今日の学習から感じたり考えたりしたことをまとめましょう。

6　とべないホタル

とべないホタル

年　　　組　　　番　名前　_____

1　取り残されたホタルの気持ちを考えましょう。

2　自分の代わりにつかまってくれたことに気づいた，とべないホタルの気持ちを考えましょう。

3　今日の授業でわかったことは何ですか。

4　今日の授業を振り返りましょう。

	とても	←	ふつう	→	あまり
・教材はどうでしたか。	5	4	3	2	1
・新しい発見や感動がありましたか。	5	4	3	2	1
・自分を振り返り，考えることができましたか。	5	4	3	2	1

7 ありがとうの気持ちをこめて

伝えたい「ありがとう」について考えよう

年　　組　　番　名前

1　マルの中に「ありがとう」を伝えたい相手を書いてみましょう。
2　吹き出しの中にその相手に対して伝えたい「ありがとう」を書いてみましょう。

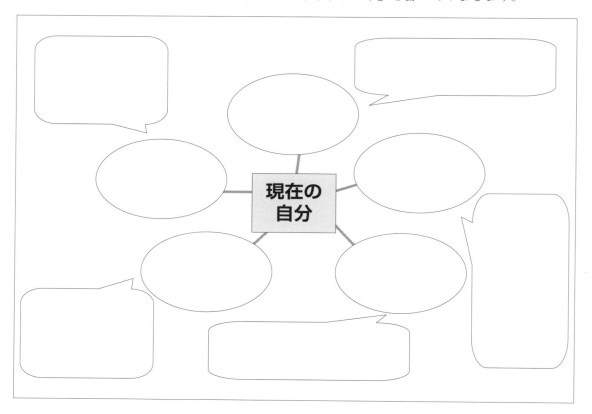

3　今日の道徳の時間に感じたこと・思ったことを書いてみましょう。「人々の善意や支えに応える」とはどういうことなのかも書いてみましょう。

8　半分おとな　半分こども

「礼儀」について考えよう

年　　　組　　　番　名前

1　「いまの若者は礼儀知らずだ」という意見についてどう思いますか。

　　　　賛成　・　反対　・　う～ん，どちらともいえない

そう考えた
理由（　　　　　　　　　　　　　　　　　　　　　　　　　　　　）

2　あなたが考える「礼儀知らず」とはどういう人をいうのか箇条書きにしましょう。
・
・
・

3　「私」は心の中には感謝の気持ちもあるし，謝罪の気持ちもある。うまく表現できないだけ。これも「礼儀知らず」になるのでしょうか。

　　　　なる　・　ならない

そう考えた
理由（　　　　　　　　　　　　　　　　　　　　　　　　　　　　）

3　礼儀とはどういうものなのでしょうか。
_____
_____
_____

4　本時のポイントをまとめましょう。
礼儀とは

9　アキラの選択

アキラの選択

年　　組　　番　名前

めあて

1　話の続きを考えてみましょう。

リョウタ　「アキラ，理科のクラスになってたな。おまえなら体育を選ぶと思ってたのに。」

アキラ　

リョウタ　「まぁ，おれも理科を選んだんだけど，入れなくて社会になっちゃったからなぁ。ま，社会も嫌いじゃないし，がんばるしかないな。おまえは？」

アキラ　

リョウタ　「でも，アキラも理科を選んでいたなんて本当に驚いたよ。なんで理科にしたんだ？」

アキラ　

2　あなたがアキラだったら……正直に言う・ウソをつく　＊○で囲み，セリフを書きましょう。

3　アキラの失敗は何だったと思いますか。あなたの考えを書いてみましょう。

4　あなたが考える友情のあり方を，今日の道徳の感想も含めて書いてみましょう。

10 アイツの進路選択

高校の進路選択について考えよう

　　　　　　　　　　　　年　　組　　番　名前

1　異性との関わりで大切なことは何ですか。思いつくことを自由に書きましょう。

```
```

2　【教材前半】真一と夏樹はそれぞれどのような気持ちだったのでしょうか。

```
真一
```

```
夏樹
```

3　【教材後半】あなたが真一の立場だったら、どのような選択をしますか。志望校とその志望校を選択した理由を書きましょう。

```
志望校

理由
```

4　それぞれの高校の選択はどのようなことを大切にして選択しているのでしょうか。

```
水明高校

北西工業
```

5　今日の授業の感想を書きましょう。

```
```

11 言葉の向こうに

言葉の向こうに

年　　組　　番　名前
_____
※先生の指示にそって書きこんでいき、自分の学びを確かめましょう。

1　インターネットを使ったコミュニケーションには、どんなものがありますか。

2　「中傷する人たちと同じレベルで争わないで」という書き込みを見て…

3　コミュニケーションしているつもりだったけど…

4　加奈子が、「すごいことを発見した」と明るく言えたのは…

5　今日の授業で、思ったことや考えたこと、感じたこと、気づいたことを書きましょう。

12　二通の手紙①

身近にあるルールやきまりについて考えよう

　　　　　　　　　　　　　　　年　　　組　　　番　名前
　　　　　　　　　　　　　　　_____

1　次の身のまわりにある様々な活動や集団等において，ルールやきまりはありますか。

　　① 学校　　　　　　ある　・　ない　・　わからない

　　② 家族（家）　　　ある　・　ない　・　わからない

　　③ 部活　　　　　　ある　・　ない　・　わからない

　　④ 地域　　　　　　ある　・　ない　・　わからない

　　⑤ 町内会　　　　　ある　・　ない　・　わからない

　　⑥ 友達　　　　　　ある　・　ない　・　わからない

　　⑦ 市　　　　　　　ある　・　ない　・　わからない

　　⑧ 県　　　　　　　ある　・　ない　・　わからない

　　⑨ 国　　　　　　　ある　・　ない　・　わからない

　　⑩ 塾や習い事　　　ある　・　ない　・　わからない

2　あなたはルールやきまりを守っていますか。

　　　　　　　　必ず守る　・　時々守る　・　全く守らない

3　ルールやきまりは必要ですか。

　　　　　　　　必要だ　・　いらない

3　その理由は何ですか。

┌───┐
│   │
│   │
│   │
│   │
└───┘

12　二通の手紙②

二通の手紙

年　　組　　番　名前

1　主人公「元さん」の判断に賛成ですか。反対ですか。その理由は何ですか。

2　「元さん」の判断は正しかったと思いますか。理由は何ですか。

3　佐々木さんが山田さんに伝えたかったことは何ですか。

4　今日のまとめと振り返りをしましょう。

今日のまとめ：

振り返り（感想など）：

＊質問内容については，そのつど生徒に記入させるようにし，最初から示さない。タイトルも同様。

13 卒業文集最後の二行

卒業文集最後の二行

年　　　組　　　番　名前

1　主人公が，T子さんに対する言動を後悔しつつも，T子さんに謝らず，いじめ続けたのはなぜでしょうか。

2　主人公のとるべき言動にはどのようなものがあったか具体的に考えましょう。さらに，それらの言動のプラス面とマイナス面を考えましょう。

言動（具体的に） 　どこで？　誰と？　どのように？ 　どんな言葉で？　態度で？	プラス面	マイナス面

3　主人公のとるべき最善案を決定しましょう。

4　今日の授業で学んだことや考えたことをまとめましょう。

14 鳩が飛び立つ日

鳩が飛び立つ日　石井筆子

年　　組　　番　名前

※ワークは横向きにして使用します。

左側メモ欄	出来事（右側）
④	④亮一とともに学園を再開した。
	昔、一羽の鳥が大空へと。
③	学園存続の声がたくさん寄せられた。
	③学園廃止を決意した亮一に同意する。
	学園で火災が発生し園児6名の命が失われる。
②	②幸子が学園で鳩を使用したハンカチを見つめる。
	三女も長女も亡くなる。
突き刺すような痛みが胸に迫った。	亮一と結婚し、学園の充実に奔走する。
子どもたちの笑顔が大きな力になる。	教師として子どもたちに向き合い、障害児教育を学ぶ。
①	亮一が滝乃川学園を創設する。
	①女学校を仲間に託し、亮一のもとへ向かう。
	亮一が、学校を作り、娘に障害児教育を受けさせたいと言う。
娘＝社会の重荷と思っていたが…。	理解し、支えてくれた夫が病でこの世を去る。
筆子の晴れない思い	三女康子に障害が見つかる。
	次女恵子が一歳で亡くなる。
	長女の知的障害がわかる。
私は負けない。	次女の看病をしながら女学校の教員や通訳の仕事をする。
私にできることは何だろう。	家族、女学校の教師として日本の女子教育に貢献。
プラス ← 幸せ・心が元気 → マイナス	筆子の様子とまわりのできごと

16 ごめんね，おばあちゃん

ごめんね，おばあちゃん

年　　　組　　　番　名前
_____

1　あなたは家族のことをどう思っていますか。

　[　　　　　　　　　　　　　　　　　　　　　　　　　　　　　]

2　教材「ごめんね，おばあちゃん」を読んで考えましょう。

（1）「ぼく」が小さいころのおばあちゃんは，どんなおばあちゃんでしたか。

　[　　　　　　　　　　　　　　　　　　　　　　　　　　　　　]

（2）おばあちゃんが入院するまで，「ぼく」はおばあちゃんのことをどう思っていましたか。

　[　　　　　　　　　　　　　　　　　　　　　　　　　　　　　]

（3）「おばあちゃん，ごめんね」という「ぼく」のつぶやきには，どんな気持ちがこめられていると思いますか。

　[　　　　　　　　　　　　　　　　　　　　　　　　　　　　　]

3　自分の家族について考えましょう。

「ごめんね。」（これは発表しません。見せません。）	「ありがとう。」

4　家族への感謝の気持ちをどう表していったらよいでしょうか。（授業の感想も含む）

　[　　　　　　　　　　　　　　　　　　　　　　　　　　　　　]

17　昼休みのバスケットボール

昼休みのバスケットボール

年　　組　　番　名前

1

2

3　今日の授業でわかったことは何ですか。

4　今日の授業を振り返りましょう。

	とても	←	ふつう	→	あまり
・教材はどうでしたか。	5	4	3	2	1
・新しい発見や感動がありましたか。	5	4	3	2	1
・自分を振り返り，考えることができましたか。	5	4	3	2	1

＊1・2の発問は授業で指示する。

18　伝統を受け継ぐ

伝統を受け継ぐ

　　　　　　　年　　　組　　　番　名前

1　解体される校舎の様子

2　門から校舎へ向かう細い道

3　私たちが「引き継ぐこと」「築くこと」

19　娘のふるさと

娘のふるさと

年　　組　　番　名前

1　あなたにとって「ふるさと」はどこで，なぜその場所を思い浮かべましたか。

2　もしも「ふるさと」を離れるなら，どのような気持ちになりますか。

3　「娘と一緒にお祭りに行ってあげてね」と，妻に言われたときの健司の気持ちはどのようなものでしょうか。

4　妹に「やめられ」と言ったときの健司の気持ちはどのようなものでしょうか。

5　「ええ，行きましょう」と応えたときの健司の気持ちはどのようなものでしょうか。

6　これからこの土地で生活する健司に，あなたならどのような言葉をかけますか。

7　今日の授業の感想を書いてください。

23 土の色の不思議に魅せられて

土の色の不思議に魅せられて

年　　　組　　　番　名前
_____

1　あなたは「土」を美しいと思いますか。それとも，「土」を汚いと思いますか。

あなたの考え	その理由

2　討論中のいろいろな考え方をまとめてみましょう。

土は美しい	その理由

3　筆者は，なぜ「とても自然にはかなわない」と感じたのでしょうか。

4　あなたは「土」を美しいと思いますか。それとも，「土」を汚いと思いますか。（2回目）

あなたの考え	その理由

5　このお話を読んで感じたことや，授業の感想を書きましょう。

24 火の島

火の島

年　　　組　　　番　名前

1　人間が自然をコントロールできると思いますか。

2　古代ハワイアンがキラウエア火山に女神が住むと信じていたことを，作者が不思議に感じたのはどうしてでしょうか。

3　作者が急に怖くなって足がすくんだこと，武者ぶるいがとまらなかったのはなぜでしょうか。

4　作者が絶対に忘れられない感動的な一日になったのはなぜでしょうか。

5　人間の力を多く超える自然の力について，人としてどのように思いますか。

6　授業の感想を書きましょう。

25 いつわりのバイオリン

いつわりのバイオリン

年　　組　　番　名前

1　下のどちらかを選んで，手紙を書いてみましょう。
　　◆フランクになりきって，ロビンへの手紙を書く。
　　◆フランクに，自分の思いを伝える手紙を書く。

［　　　　　　　　　　］へ

　　　　　　　　　　　　　　　　　　　　　　　　　　［　　　　　　］より

2　授業の感想を書きましょう。

◉ おわりに ◉

　平成30年度の大学入試センター試験の問題（地理B）は，トーベ・ヤンソン作「ムーミン」が出題されて話題になりました。出題の意図は，「ムーミン」（アニメーション）の一場面から作品の舞台となる北欧の国名と言語の組み合わせを4択で問うものでしたが，それぞれに根拠が弱く，さまざまな議論を呼んだのです。「選択肢を消去法で考えれば正解に辿り着く」であるとか，「原作にはムーミン谷がフィンランドにあるとは書かれていない」であるとか……。中でも，フィンランドの在日大使館の広報担当者のコメントが私の心をとらえました。
　「ムーミン谷は物語を愛するみなさんの心の中にあります。」
　なんという回答でしょう。「雪がとけたらどうなるか」の問いに対して，「水になる」だけが正解ではなく，「春になる」という回答もある。これに匹敵するくらいの衝撃でした。意表をつかれた回答に，私は思わず出題の在り方の議論から離脱して，腑に落ちてしまいました。

　これからは，思考力，判断力，表現力を駆使して「解のない問い」に向き合う時代，解がないなら，納得解を見出す時代と言われています。東日本大震災以降にも，予測困難な数々の出来事がありました。一方で，経験した今だからこそ，自分との関わりで考えはじめ，復興に向けて歩き出す子どもたちがいることも事実です。道徳が教科になり「考え，議論する道徳」を通して「主体的・対話的で深い学び」の実現に向うことは，これまで以上に，学校が家庭や地域とともに，道徳の時間を充実させるに違いありません。

　自分の生き方を振り返ったり，これからの生き方について想いを馳せたりする時間は，心の中に住んでいる「自分という主人公」が，どのような物語を生きているのかを客観視することに似ているような気がします。私は，こうした時間を丁寧に積み重ねることそのものが「特別の教科　道徳」の「特別の教科」たる所以だと思うのです。

　ムーミンの舞台をフィンランドと思い込んでいた私にとって，今回の報道を通しての多面的・多角的な立場からの議論は，多くの発見や気づきをもたらしました。それと同時に，一つ思い出したことがあります。これもまた，幼い頃の記憶の思い込みかも知れませんが，ムーミンは確かにスナフキンに憧れていました。
　生徒の道徳性の発達のためには，大人である私たちが輝き，生徒の憧れの存在になることが一番かも知れません。本書を手に取られるすべての方々と生徒の待つ教室が，ますます輝きますように，執筆者一同，心から願っております。

渡邉　真魚

【監修者紹介】
林　泰成（はやし　やすなり）
上越教育大学副学長

【編著者紹介】
渡邉　真魚（わたなべ　まお）
福島県教育庁教育総務課

【執筆者紹介】（執筆順）

安中　美香	新潟県柏崎市立第五中学校
栗原　洋美	福島県郡山市立小原田中学校
佐藤　裕子	新潟県五泉市立川東中学校
栗田　寛	福島県郡山市立明健中学校
大舘　昭彦	千葉県教育庁東葛飾教育事務所
星　美由紀	福島県郡山市立郡山第五中学校
小松　裕子	福島県郡山市立郡山第一中学校
野俣　光樹	新潟県柏崎市立第二中学校
増田　幸夫	新潟県上越市立城東中学校
野本　玲子	神戸医療福祉大学　社会福祉学部
吉澤　祐一	新潟県妙高市立妙高中学校
積田　育子	福島県本宮市立白沢中学校
庭野　六輔	新潟県新潟市立山の下中学校
酒井　康雄	福島県教育センター
青木美和子	福島県白河市立白河中央中学校
原　徳兆	福島県郡山市立郡山第一中学校
中島誠太郎	福島県喜多方市立山都中学校
谷島竜太郎	茨城県桜川市立桜川中学校
阿部　洋己	福島県教育庁高校教育課
緑川　道子	福島県郡山市立郡山第一中学校

［本文イラスト］木村　美穂

中学校道徳サポートBOOKS
初めて本気で取り組む先生のための絶対成功する！
特別の教科　道徳の授業づくりチャレンジ　中学校

2018年5月初版第1刷刊	ⒸC監修者　林　泰成
2019年7月初版第2刷刊	編著者　渡邉　真魚
	発行者　藤原　光政
	発行所　明治図書出版株式会社

http://www.meijitosho.co.jp
（企画）佐藤智恵（校正）川村千晶
〒114-0023　東京都北区滝野川7-46-1
振替00160-5-151318　電話03(5907)6703
ご注文窓口　電話03(5907)6668

＊検印省略　　　組版所　株式会社カシヨ

本書の無断コピーは，著作権・出版権にふれます。ご注意ください。

Printed in Japan　　ISBN978-4-18-192416-4
もれなくクーポンがもらえる！読者アンケートはこちらから →

【改訂版】特別支援教育基本用語100
解説とここが知りたい・聞きたいQ&A

1085・A5判・2100円+税

上野一彦・緒方明子・柘植雅義・松村茂治・小林 玄 編

<u>特別支援教育からインクルーシブ教育の時代へ！</u>
すべての教師が，広く深く理解するために，基本用語を教育だけでなく心理学，医学，福祉の関連領域まで広げ，用語を厳選するとともに，教師が日常的に接することの多い大切な質問を選びやさしく解説した。

そこが知りたい！大解説 インクルーシブ教育って？
合理的配慮って？共生社会って？Q&Aで早わかり

1267・A5判・2000円+税

木舩 憲幸 著

合理的配慮って？共生社会って？Q&Aで早わかり！

「合理的配慮をしなくちゃいけないというけれど，今までの支援とどう違うの？」「特別支援教育はこれからインクルーシブ教育というものになるの？」－近年の動向を整備された法令関係とあわせて，今教室で求められている支援について解説。先生の疑問に答える1冊です。

明治図書　携帯・スマートフォンからは 明治図書ONLINEへ　書籍の検索，注文ができます。▶▶▶
http://www.meijitosho.co.jp　＊併記4桁の図書番号（英数字）でHP，携帯での検索・注文が簡単に行えます。
〒114-0023 東京都北区滝野川7-46-1　ご注文窓口　TEL 03-5907-6668　FAX 050-3156-2790

＊価格は全て本体価表示です。

特別支援教育サポートBOOKS

中学校通級指導教室を担当する先生のための指導・支援レシピ
今日から役立つ！基礎知識&指導アイデア

柘植雅義　監修／小林靖　編
1,960円+税　図書番号：1091　A5判　152頁

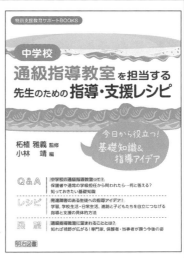

通級担当が押さえておきたい！指導・支援、教室運営の極意
通級指導教室を担当する先生必読の教科書。通級指導教室の概要をQ&Aでやさしく解説するほか、発達障害のある子への指導アイデアをレシピとして紹介。専門家が今後の展望も語る。保護者・学級担任と連携し生徒を自立につなげる通級担当の仕事がギュッと詰まっている。

通常の学級で行う特別支援教育

中学校ユニバーサルデザインと合理的配慮でつくる授業と支援

花熊曉・米田和子　編著
2,360円+税　図書番号：2585　B5判　136頁

すべての子どもの「個のニーズ」に応じた授業づくり
中学校におけるユニバーサルデザイン（UD）の授業づくり実践書。UDは「個」から出発する特別支援教育と「授業」から出発する教科教育の融合であり、教科担任制をとり「授業」の専門性が高い中学校だからこそ、質高く教科の違いを超えた共通のUD視点を示している。

大人気教材　「通常の学級でやさしい学び支援」シリーズ最新刊
読み書きが苦手な子どもへの〈漢字〉支援ワーク
教科書対応版【学年別】

竹田契一　監修／村井敏宏・中尾和人　著
1年　1,400円+税／2～6年　各1,900円+税　図書番号：9471～9476

PDF版電子書籍も先行配信中！　光村図書版・教育出版版・東京書籍版
詳しくはこちら ⇒ http://meijitosho.co.jp/detail/sp18

明治図書　携帯・スマートフォンからは**明治図書ONLINE**へ　書籍の検索、注文ができます。　▶▶▶

http://www.meijitosho.co.jp　＊併記4桁の図書番号（英数字）でHP、携帯での検索・注文が簡単に行えます。
〒114-0023　東京都北区滝野川7-46-1　ご注文窓口　TEL 03-5907-6668　FAX 050-3156-2790

道徳科授業サポートBOOKS

実感的に理解を深める！
体験的な学習「役割演技」でつくる道徳授業
学びが深まるロールプレイング

図書番号 2414・A5判・136頁・1860円+税　　早川裕隆 編著

疑似体験させることで自分事として考えを深める手法
「友情・信頼」が大切なこととわかっても、実社会の「その時」、子どもたちはどう行動するのでしょうか？「役割演技」の授業では、子どもがその立場を演じ、みんなと話し合います。すると主題が心にグッと迫ってきます。自分事として考えが深まり、生き方を見つめられるようになります。

「役割演技」を取り入れた授業実践

【教材】お月さまとコロ／正直50円分／うばわれた自由／裏庭でのできごと／およげない りすさん／貝がら／泣いた赤おに／吾一と京造／黄色いベンチ／お母さんはヘルパーさん／班長になったら／二通の手紙／ハムスターの赤ちゃん／シクラメンのささやき／青のどう門／カーテンの向こう

学級経営サポートBOOKS

NG対応 ➡ OK対応で学ぶ
あわてないためのトラブル対処術

図書番号 2039・A5判・128頁・1800円+税　　福地孝宏 著

ケンカ・反抗…と学校現場は思いもよらぬトラブルがあたりまえ。子どものためにかけたはずの一言で、ギロリとにらまれてしまうことも。しかも、ついタジタジした様子を周りの子がジッと厳しい目で見つめていたり…。とっさのこの時を上手にこなすための対処法をまとめました。

とっさのこの時、あなたならどうしますか？？

いつも遅刻してくる子を指導したい時／手ぶら登校の子を注意して、にらみ返された時／先生の授業はわからない、と言われた時／テスト中に不正行為が疑われる時／友だちの校則違反を知らせに来た時／泣いている子を見つけた時／いじめ？と思うようなからかいがあった時／発達障害の疑いがあることを伝える時／生活面で問題のある子が推薦希望を出した時　ほか全52項目

明治図書　携帯・スマートフォンからは **明治図書 ONLINE へ**　書籍の検索、注文ができます。▶▶▶
http://www.meijitosho.co.jp　＊併記4桁の図書番号（英数字）でHP、携帯での検索・注文が簡単に行えます。
〒114-0023　東京都北区滝野川7-46-1　ご注文窓口　TEL 03-5907-6668　FAX 050-3156-2790